100년 넘은 시골 교회 젊은 교회가 되다

저자 권준호

초판 1쇄 발행 2022. 12. 9.
초판 2쇄 발행 2023. 1. 10.

발행처 도서출판 브니엘
발행인 권혁선

책임편집 김지연
책임교정 조은경

등록번호 서울 제2006-50호
등록일자 2006. 9. 11.

서울특별시 송파구 백제고분로28길 25 B101호 (05590)
마케팅부 02)421-3436
편집부 02)421-3487
팩시밀리 02)421-3438

ISBN 979-11-90308-89-2 03230

독자의견 02)421-3487
이메일 editorkhs@empal.com

북카페 주소 cafe.naver.com/penielpub.cafe
인스타그램 @peniel_books

도서출판 브니엘은 독자들의 원고를 설레는 마음으로 기다리고 있습니다.
위의 이메일로 간단한 기획 내용 및 원고, 연락처 등을 보내주십시오.

도서출판 브니엘은 갓구운 빵처럼 항상 신선한 책만을 고집합니다.

첫 부임지 시골 교회, 역동적인 젊은 교회로 변화된 이야기

100년 넘은 시골 교회
젊은 교회가 되다

권준호 지음

밥북

100년이 넘은 전통교회가 하나님께서 예비하신 귀한 만남을 통해 이제는 하나님께서 가장 기뻐하시는 예수 그리스도의 지상 명령이며 교회의 존재 목적인 "영혼을 구원하여 제자 삼는" 교회로 바르게 세워졌습니다. 먼저는 하나님의 은혜이며, 그다음은 교회가 담임목사를 중심으로 온전한 비전 공유가 이루어졌기 때문입니다.

권준호 목사는 성령께서 부어주신 탁월한 영적 리더십으로 이 본질에 집중하는 교회로 이끌어 놓았습니다. 오직 목회와 사역에만 전념하는 정말 한국교회 좋은 모델의 목회자입니다.

이번 귀한 책을 통해 한국교회 목회자들에게 그동안의 모든 과정이 세밀하게 알려지게 되어 너무 감사하며, 권준호 목사의 그 뜨거운 복음의 열정이 이 책을 통해 한국교회에 전파되길 소원합니다. 목회자, 사모, 부교역자, 중직자, 소그룹 리더 모든 분께 강력히 추천합니다.

김종석 목사 _ 교회비전연구소 대표

광인(狂人)같이 제자훈련이
유일한 기쁨인 목회자

권준호 목사를 알게 된 지 10년이 훌쩍 넘었습니다. 그동안 권
목사와 교제하면서 가장 강렬하게 느낀 점은 목회에 대한 목사님
의 열정과 열심입니다. 권 목사는 열심히 목양하고 최선을 다해 전
도하고 광인(狂人)과 같이 제자 훈련하는 것이 유일한 기쁨이며,
최고의 관심사인 목사입니다. 그뿐만 아니라 송전교회 모든 성도
를 자신의 동역자로 열정과 열심으로 움직이게 하는 탁월한 리더
십을 가진 목회자입니다.

바쁜 목회 사역 중에도 이론적인 뒷받침을 위해 석사 학위(Th.
M.) 과정을 밟았습니다. 논문도 저의 지도로 송전교회를 모델로
수도권 소도시 목회의 방향을 제시하였습니다. 본서에는 그의 사
역이 소개되고 있습니다. 용인 시골의 교회인데, 그러한 환경에 있
는 교회, 전통교회뿐 아니라 이 시대의 모든 교회와 목회자들에게
도전이 될 줄 믿습니다.

김창훈 교수 _ 총신대학교 신대원 설교학 교수

「100년 넘은 시골 교회 젊은 교회가 되다」를 한국교회의 목회
자와 성도들에게 적극 추천합니다. 짧은 한국교회의 역사 속에서
한 교회가 100년의 역사를 지닌 것은 참으로 귀한 일입니다. 더 대
단한 것은 이 교회가 오랜 세월의 관습과 전통을 깨뜨리고 역동적
으로 성장하며 지역사회를 다양하게 섬기는 교회가 된 점입니다.
교회가 성숙과 성장을 꿈꾸는 것은 당연한 일입니다. 한편 성숙과
성장을 모든 교회가 경험하는 것은 아닙니다. 이것은 장애물과 시
련을 극복하려고 노력하는 과정에서 얻는 값진 열매입니다.

한국교회는 폭발적인 성장 뒤에 침체를 경험하고 있는데, 용인
송전교회의 이야기는 한국교회에 비전과 도전을 제공합니다. 하나
님을 만나는 영적 생동감이 있고, 코로나 기간 중에도 성장을 경험
하고, 하나님이 주신 비전을 성취하기 위해 양보와 순종이 있는 교
회. 이것이 성령 충만한 교회의 모습이 아닌가 싶습니다. 「100년
넘은 시골 교회 젊은 교회가 되다」는 교회의 성숙과 성장을 바라는
목회자와 성도들이 반드시 읽어야 할 책입니다.

김한성 교수 _ 아신대학교 선교학 교수

복음(예수 그리스도의 인격과 그의 구원사역)을 선포하면 죽은 교회도 살아납니다. 특히 역사가 오래된 교회는 복음선포를 받지 못해 삐뚤어지고, 기형이 되고 병들어 죽음의 상태에 이릅니다. 그러나 복음선포는 교회가 사는 생명의 양식이므로 병들어 죽어가는 교회도 살아나게 하고 활력을 얻게 합니다.

권준호 목사는 112년이나 된 오랜 역사가 있는 교회에 부임하여 예수 그리스도의 복음을 선포함으로 교회에 구원의 감격과 감사가 넘치게 하였습니다. 모든 그리스도인이 믿음 고백으로 주 예수를 심장에 모심으로 구원의 기쁨과 감격을 누리게 하였습니다.

그러므로 온 교회가 자기들 안에 계신 그리스도를 증거하고 전하기에 한마음이 되었습니다. 교회는 다시 일어서고 새 힘을 얻어 배가 되었습니다. 이 책을 읽으면 복음 선포로 교회가 어떻게 살아나며 온 교회가 어떻게 전도대가 되는지 비결을 알게 됩니다. 일독을 널리 권합니다.

서철원 교수 _ 전 총신대학교 조직신학 교수

코로나 시대에도
역동적으로 성장한 교회

    살아 숨 쉬는 생명력 있는 교회를 찾고 싶습니다. 또한 코로나 시대에도 더욱 역동적이었던 교회를 알고 싶습니다. 그리고 빠르게 성장하는 교회보다는 바른 목회를 하는 목회자를 만나보고 싶습니다. 마지막으로 성도들이 역동적으로 기쁨을 갖고 섬기는 교회 이야기를 듣고 싶습니다. 그렇다면 바로 이 책입니다.

    사람은 에너지를 주고받습니다. 교회는 찾아오는 사람들에게 놀라운 에너지를 줍니다. 이것이 바로 교회의 생명력입니다. 그런 교회를 이 책에서 보았습니다. 그리고 감동했습니다. 100년이 넘는 교회가 더욱 젊어지는 그 생생한 이야기가 이 책 속에 담겨 있습니다.

    코로나19 팬데믹은 우리를 당황하게 했습니다. 그런데 놀라운 점은 코로나 시대에도 더욱 역동적으로 부흥한 교회가 있다는 사실입니다. 전도가 활성화되고, 양육이 이루어지고, 셀 모임은 지속해서 이루어졌으며, 코로나 시대에 지역사회의 섬김 활동은 더욱 더 많아졌습니다. 그 이야기를 듣고 싶다면 이 책을 보세요.

목회자는 교회의 **빠른** 성장을 갈망합니다. 그런데 바른 목회를 추구하는 목회자는 많지 않습니다. 바른 목회를 위해 교회의 본질을 붙잡고 묵묵히 사역하는 목회자는 더욱더 보기 힘듭니다. 바로 이런 목회자를 만나보고 싶다면 이 책이 그분을 소개해줄 것입니다. 그분을 만날 수 있는 곳으로 이 책이 인도해줄 것입니다.

마지막으로 성도가 행복한 교회 이야기가 궁금하다면 끝까지 이 책을 읽어보세요. 특별 새벽기도회를 축제의 한마당으로 여기고, 순종과 섬김을 감사로 받아들이는 성도, 그리고 관리집사가 없는 특별한 사연을 듣게 될 것입니다. 특별히 교회를 선택하는 데 고민하는 사람이 있다면 더욱 이 책을 추천하고 싶습니다.

최광수 교수 _ 총신대학교 통일개발대학원 교수

빠르게보다 바르게 성장하는 교회

100년 넘은 교회에서 있었던 일이다. 이 교회는 시골에 있다. 역사와 전통을 자랑한다. 어느 날, 목회자가 부임했다. 목사님은 교회 이곳저곳을 둘러보았다. 본당에 그랜드 피아노가 있었다. 피아노 위치를 옮기고 싶었다. 피아노 위치를 바꾸면 예배가 훨씬 더 은혜로워질 것 같았다. 그래서 목사님은 이 문제를 놓고 장로님들과 당회로 모였다. 그런데 한 장로님이 이렇게 말했다.

"저 피아노는 100년 동안 그곳에 있었습니다. 절대 옮길 수 없습니다. 피아노의 위치를 옮기면 예배가 은혜로워지지 않습니다. 그냥 두었으면 합니다."

이 일로 분쟁이 일어날 것 같았다. 그래서 목사님은 더 이상 이야기를 꺼낼 수가 없었다. 그런데 놀라운 일이 일어났다. 일 년이 지난 후 피아노가 옮겨져 있었다. 알고 보니 목사님이 매일 조금씩 옮겼던 것이다.

참 웃지 못할 이야기이다. 오늘날 한국교회는 본질이 아니라 비본질적 문제로 분쟁하고 있다. 본질은 영혼을 구원하고 제자 삼는 일이다. 이 일에 모든 에너지를 집중해야 한다. 그런데 비본질적 문제로 분쟁하느라 생명 살리는 일에 쓸 에너지가 없다.

송전교회는 역사가 오래되었다. 1910년에 시작된 교회이다. 용인시 처인구 이동읍 송전리에 있다. 용인시의 인구는 110만이 넘는다. 엄청난 발전을 이루었다. 그에 비해 송전 지역은 발전이 늦다. 아파트보다 논밭이 많다. 교회 성장학적 측면에서 보면 부흥될 조건이 없는 곳이다. 한마디로 송전교회는 100여 년 넘은 시골 교회이다.

나는 젊은 나이에 송전교회에 부임했다. 담임목회 경험이 전혀 없었다. 그런데 지금 송전교회는 어떻게 되었을까?

얼마 전, 셀 리더들에게 과제를 냈다.

"셀 리더 여러분, 송전교회 이야기를 책으로 내려고 합니다. 어떤 제목이 좋을지 생각해보고 제출해주세요."

한 주 후에 셀 리더들이 제출한 책 제목이 다음과 같았다.

"하나님이 찾으시는 살리는 교회, 순종과 섬김이 문화가 된 교회, 비전이 살아 숨 쉬는 그 교회 이야기, 떠들썩한 교회, 코로나 시대 역동적인 교회, 코로나를 집어삼킨 영혼 구원, 눈물이 멈추지 않는 교회, 좋은 군사 교회, 소문난 교회 되어지는 교회, 멈춤이 멈

춘 교회."

이 제목들은 송전교회가 얼마나 많이 바뀌었는지를 보여주고 있다. 현재 송전교회는 역동적인 교회가 되었다. 젊은 교회가 되었다. 지역을 섬기는 교회가 되었다. 순종이 문화가 되는 교회가 되었다. 제자훈련에 목숨 거는 교회가 되었다. 관리집사가 없어도 섬김이 습관이 된 교회가 되었다. 교역자가 많이 없어도 평신도들이 사역하는 교회가 되었다. 송전교회는 전 교인이 전도하는 교회가 되었다. 코로나 시대에도 전도하는 교회가 되었다. 코로나 시대에도 셀 모임이 진행되었다. 코로나 시대에도 지역사회를 더 많이 섬겼다.

처음 부임 이후 나는 빠른 성과를 내고 싶었다. 그래서 건물도 짓고, 각종 전도 집회를 진행했다. 대부분 목회자처럼 빠른 성장, 빠른 부흥이 목표였다. 하지만 하나님은 나의 마음속에 이런 말씀을 주셨다.

"빠르게보다 바르게 목회해라!"

빠르게보다 바르게 목회하자! 나는 이 마음으로 지금까지 목회해왔다. 그동안 빠르게 하고 싶은 유혹이 많았다. 하지만 본질 하나만 붙들고 묵묵히 지금까지 왔다. 그 내용을 책으로 옮기게 된 것이다. 책은 다음과 같이 구성했다.

Part 1은 코로나 시대에도 여전히 전도와 양육과 지역 섬김을 했던 이야기이다.

Part 2는 100년이 넘은 교회가 어떻게 바르게 세워져 갔는지 몸부림을 기록했다.

Part 3은 모든 교인이 교회를 섬기고 있는 이야기를 썼다.

이 책은 건강한 교회를 세우려는 기록이다. 20여 년간 평신도가 사역하는 교회를 세우려는 외침이다. 시골 교회를 전도형 교회와 양육형 교회로 세우려는 고백이다. 전도되지 않는 지역에서 한 영혼을 세워 제자로 삼고 셀 리더로 세우려는 몸부림이다.

나는 제임스 딘의 이 말을 참 좋아한다.

"영원히 살 것처럼 꿈을 꾸고 내일 죽을 것처럼 오늘을 살라."

아무쪼록 교회 중직이나 평신도 리더들이 이 책을 읽었으면 좋겠다. 건강한 교회를 세우고 싶은 목회자에게 도움이 되었으면 한다. 평신도들이 교회를 바르게 세우는 일에 동참하길 소망한다.

글쓴이 권준호

코로나도 그들을
막지 못했다

코로나 시대에도
전도가 되었던 교회

코로나도 막지 못한
교인들의 전도 열정

　　하나님은 나에게 전도의 열정을 주셨다. 그 열정의 시작이 아신대학교였다. 신학대학에 입학했을 때 육지의 어부라는 전도팀에 들어가게 되었다. 목요일에는 전도팀이 모여 주말 전도에 대해서 나누고 준비하였다. 토요일이면 서울 각지를 다니면서 전도하였다. 청량리역, 미아리 점쟁이촌, 상봉동 터미널, 영등포 쪽방촌 등에서 복음을 전했다. 여름과 겨울이면 전국 이곳저곳에서 거지 전도여행을 했다. 이 전도 열정이 목회의 큰 자양분이 되었다.

　　2004년, 나는 송전교회 담임목회자로 부임했다. 제일 먼저 한 일이 바로 전도팀을 만드는 일이었다. 당시 많은 전도팀 세미나가 있었다. 그중에서 21세기 목회 연구소에서 진행하는 팀 전도학교는 탁월했다. 김두현 소장님이 직접 강의하고 전도 실습까지 진행했다. 교회 성도들을 팀 전도학교에 보냈다. 이분들이 훈련받고 와서 송전교회 부흥의 도구가 되었다.

나는 송전교회를 전도형 교회로 만들어 보려고 몸부림을 쳤다. 그래서 교회 곳곳에 전도 포스터와 현수막도 붙였다. 그러던 중 어느 분이 이런 말을 했다.

"왜 이렇게 전도하는 데 낭비하느냐? 차라리 구제하는 것이 더 낫지 않느냐!"

이 말을 들었을 때 마음이 너무도 힘들었다. 왜냐하면 영혼 구원이라는 비전이 공유되고 있지 않았기 때문이었다.

하나님 앞에 이 부분을 놓고 기도했다. 목 놓아 울면서 부르짖었다. 답답해서 통곡했고, 캄캄해서 간구했다. 한참 기도했을 때였다. 마음이 평안해졌다. 그 순간, 하나님은 나에게 이런 마음을 주셨다.

'마리아가 예수님을 위해서 향유 옥합을 깼을 때 옆에 있던 제자가 말한다. 왜 낭비하느냐? 차라리 어려운 이웃을 돕는 것이 낫겠다. 그러자 예수님은 말씀하셨다. 이 일은 낭비가 아니다. 주님의 복음이 전해지는 곳에 이 여인의 일이 전해지리라.'

주님의 복음을 위해서 드리는 시간은 낭비가 아니다. 주님의 복음을 위해서 드리는 물질은 허비가 아니다. 주님이 모두 갚아주신다. 간증이 되게 하신다. 나는 하나님이 주신 깨달음으로 난관을 이겨나갔다.

하나님은 전도팀을 중심으로 2011년까지 송전교회에 부흥을 주셨다. 전도팀의 헌신은 참으로 귀했다. 전도에 생명을 걸고 눈이 오나 비가 오나 전도했다. 그러던 중 송전교회 전도팀 사역이 〈국민일보〉에 기사로 나오게 되었다. 많은 교회가 송전교회 전도팀을 탐방하러 왔다.

하지만 전도팀에 한계가 왔다. 전도 팀원들만 전도하는 것이었다. 나머지 교인들은 영혼 구원하는 일을 구경만 했다. 전도 팀원들도 점점 열매가 없으니 지쳐갔다. 그래서 2012년 가을, 전 교인 전도 시스템으로 변화를 시도했다. 하나님의 은혜로 이 변화가 성공을 거두었다. 현재, 셀과 교육부 모두 전도에 참여한다. 일주일 내내 전도가 이루어지고 있다. 담임목회자나 교역자들도 일주일에 하루를 정해서 전도하고 있다.

코로나가 일어나고도 송전교회 전도 열정은 식지 않았다. 대면이 어려운 상황에서는 비대면으로 관계 전도를 지속했다. 매주 온라인을 활용하여 전도 섬김을 진행하였다. 코로나 팬데믹도 송전교회 성도들의 전도 열정을 막지 못했다.

송전교회 전도는 세 가지로 진행된다. 노방 전도, 관계 전도, 해피코스 전도이다. 어떤 분들은 노방 전도는 더 이상 필요 없는 시대라고 말한다. 물론 노방 전도를 통해 예수님을 믿게 되는 확률은 높지 않다. 그런데도 송전교회가 노방 전도를 하는 이유가 있다.

한번은 한국 NCD 대표 김한수 소장님을 모시고 송전교회에서 전도 집회를 한 적이 있다. 그때 김 소장님이 노방 전도의 중요성에 대해서 세 가지를 설명해주었다.

첫째, 영적 전쟁을 선포하는 일이다.

노방 전도를 하면 기도하면서 해당 지역의 땅을 밟는다. 복음으로 땅을 밟는 곳을 하나님은 주시기 때문이다.

"너희 발바닥으로 밟는 곳은 모두 내가 너희에게 주었노니"
(수 1:3).

둘째, 전도 대상자를 축복하는 일이다.

"또 그 집에 들어가면서 평안하기를 빌라. 그 집이 이에 합당하면 너희 빈 평안이 거기 임할 것이요 만일 합당하지 아니하면 그 평안이 너희에게 돌아올 것이니라"(마 10:12-13).

예수님도 전도할 때 평안을 빌라고 말씀하신다.

셋째, 교회를 알리는 일이다.

노방 전도는 교회를 알리는 좋은 기회가 된다. 그때부터 송전교회는 확신하고 꾸준히 노방 전도를 진행하고 있다.

관계 전도는 12주 집중 열린 모임으로 진행한다. 12주 동안 게스트와 관계를 맺으며 섬기고, 12주째에는 게스트를 셀로 초대하여 셀 초대 만찬을 진행한다. 셀 초대 만찬에서 간증과 섬김과 만찬을 통해 게스트들에게 해피코스를 소개한다. 게스트들이 해피코스에 오도록 안내한다. 해피코스는 송전교회 전도의 절정이다. 이곳에서 복음을 집중적으로 전하여 게스트를 행복한 사람이 되도록 섬긴다. 해피코스에 대해서는 다음 장에서 좀 더 자세히 설명하겠다.

온라인 해피코스로
전도의 불씨를 이어갔다

많은 교회가 관계 전도를 하고 있다. 구역이나 셀, 전도팀을 통해 관계 전도를 한다. 관계 전도를 통해 교회에 초대한다. 구역과 셀에도 초대한다. 하지만 전도 소그룹의 한계를 느꼈다. 게스트가 교회에 정착하기가 쉽지 않았다. 세례받는 경우도 많지 않았다. 셀, 전도팀과 연결하여 세례를 주는 전도 프로그램이 필요했다. 게스트가 셀에 정착할 수 있도록 돕는 정착 프로그램이 있어야 했다.

나는 이 문제를 놓고 매일 강단에서 기도했다.

"하나님! 게스트가 정착할 수 있는 방법을 알려주세요. 게스트가 복음을 듣고 세례받을 길을 열어주세요. 게스트가 세례받고 제자훈련으로 연결되는 방법을 알고 싶어요. 문제가 있으면 답도 있을 줄 믿습니다."

당시 나는 전도 양육강사로 전국 집회를 인도하며 다니고 있었다. 그때 알게 된 분이 있다. 교회 비전연구소장 김종석 목사님이다. 목사님과 대화를 나누다가 알파코스에 관한 이야기를 들었다. 당시 나는 알파코스에 대한 이미지가 좋지 않았다. 특히 성령론 부분에 대해서 거부감이 있었다.

그러던 중에 하나님이 이런 마음을 주셨다. '알파코스의 시스템은 적용하고 알파코스의 토크 내용을 한국교회 상황에 맞게 바꾸면 된다.' 그래서 소장님에게 일대일로 알파코스에 대해서 알려달라고 부탁했다.

송전교회 세미나실에서 날짜를 잡고 온종일 개인 교습을 받았

다. 그날 하루를 알파코스 강의를 들으면서 탁월한 전도 정착 프로
그램이라는 생각이 들었다. 하지만 송전교회에서 알파코스라는 이
름을 그대로 쓸 수가 없었다. 알파코스에 관한 좋지 않은 이미지
때문이었다. 그래서 하나님께 지혜를 구하는 기도를 드렸다. 하나
님은 기도 중에 해피코스라는 이름이 떠오르게 하셨다. 그리고 구
호도 새롭게 만들도록 지혜를 주셨다.

다음은 해피코스 구호이다.

"행복하게 음식을 먹고 행복한 이야기를 듣고
행복한 사람이 되자!"

행복이라는 단어에 집중한 것은 지금 이 시대가 어느 때보다 행
복을 찾고 있기 때문이다. 복음을 통해 행복한 사람을 만들고자 하
는 비전을 품었다. 그 후 행정팀 한 성도의 아이디어로 해피코스를
영어로 만들게 되었다.

Helping one another : 서로 돕고
Anyone can come(Ask anything) : 누구나 오고 무엇이든
물어볼 수 있고
Pasta with us : 행복하게 음식을 함께 먹고

Preaching and Laughter : 유머와 함께 행복하게 토크를 듣고
Yes! you'll be happy : 행복한 사람이 되는 것이다.

그 후 해피코스를 송전교회에 도입하기 위해서 고민하며 기도
했다. 정말 맨땅에 헤딩하는 기분이었다. 해피코스는 조건 없는 섬
김을 통해 게스트의 마음을 여는 것이다. 게스트가 스텝들의 섬김
을 통해 하나님의 사랑을 보는 것이다. 마음이 열린 이후에 복음을
전하여 세례를 받도록 한다. 그리고 그다음 제자훈련 단계로 연결
하는 것이다. 셀로 돌려보내는 것이다.

열두 팀과 리더 헬퍼와 스텝 교육 매뉴얼을 만드는 일은 쉽지
않았다. 특히 제일 힘들었던 점이 토크였다. 불신자들에게 복음과
믿음에 대해서 전하는 일은 너무도 부담되는 일이었다. 정말 울기
도 많이 울고 책도 많이 보았다. 기도도 많이 했다. 더불어 게스트
에게 좀 더 다가가기 위해 파워포인트 말고 프레지라는 것을 배웠
다. 인터넷 강의를 통해 열심히 배워야 했다. 특히 9주에 걸친 토
크는 나에게 가장 큰 부담이었다. 알파코스에서 나온 토크도 훌륭
하다. 하지만 그대로 전하기에는 어려움이 있었다. 복음을 통한 행
복에 초점을 맞추고 싶었기 때문이다. 그래서 기본 주제는 그대로
두고, 토크 내용을 행복과 복음에 초점을 맞추었다.

송전교회 해피코스 대상은 세례받지 않은 비신자이다. 이들을

교회로 초대하여 9주 동안 복음을 전하였다. 모든 팀은 게스트를 왕을 섬기는 마음으로 준비한다. 서빙도 하고 만찬도 준비한다. 간식과 선물도 준비한다. 데코레이션도 한다. 2012년부터 벌써 16기를 진행하고 있다. 쉬지 않고 지금까지 해오고 있다. 이들이 수료하는 날은 당회 문답을 하는 날이다. 그날 당회 문답을 받고, 그다음 주에 세례를 받는다. 이들이 세례를 받으니까 세례받는 숫자는 많을 수밖에 없다. 이들의 간증을 들어보면 감격 그 자체이다.

이분들의 고백이다.

"한 주 한 주 들으면서 복음을 통해 행복해졌습니다. 주님을 섬기고 싶습니다. 찬양하고 싶습니다."

"내가 행복해지니까 가족과 주변이 행복해졌습니다. 해피코스를 하면서 기쁨과 웃음이 생겼습니다."

"마음도 편해졌습니다."

나는 성도들에게 말한다.

"셀이 가정이자 집이라면 해피코스는 유치원이고 어린이집이다"라고.

셀에서 게스트를 확정하여 해피코스로 보낸다. 해피코스에서 구원받도록 인도하여 다시 셀로 보낸다. 그러니 셀도 활성화되고

100년 넘은 시골 교회 젊은 교회가 되다

역동적으로 변모한다. 셀에서는 관계 전도를 통해 해피코스에 보내기만 하면 된다.

어느 목사님이 해피코스를 하려면 스텝이 많이 필요한데 어떻게 감당하는지 물었다. 맞는 말이다. 해피코스는 스텝이 많이 필요하다. 하지만 걱정할 것 없다. 꾸준히 제자훈련을 통해 사람을 세우면 된다. 게스트들도 훈련받고 다음 스텝으로 섬긴다. 그래서 매번 70~100여 명 정도의 스텝이 섬기고 있다.

해피코스는 멈추지 않고 지금까지 진행되고 있다. 이 모든 것이 하나님의 은혜였다. 더불어 성도들의 헌신이다. 성도들의 섬김을 생각하면 눈물이 날 정도로 감사하다. 한 가지 더 필요한 것이 있다. 담임목회자의 집중력이다. 나는 해피코스 계획, 스텝 교육, 토크까지 모든 부분에 다 신경을 쓴다. 부교역자나 운영팀장에게만 맡기지 않는다. 왜냐하면 목회자의 관심만큼 교회는 성장하기 때문이다.

그런데 해피코스에 위기가 왔다. 바로 코로나19 팬데믹이다. 코로나19로 인해 대면이 어려워졌다. 해피코스 진행이 불가능해졌다. 나는 멘붕(정신적 혼란)이 왔다. 그동안 쉼 없이 진행되었던 해피코스 사역을 멈출 수밖에 없게 된 것이다. 하지만 모든 문제에는 하나님이 주시는 답도 있다. 코로나로 인해 성도들이 교회에 못 나오고, 새벽예배도 진행되지 못했다. 나는 홀로 강단에서 울면서 기도했다.

"하나님, 영혼 구원을 멈출 수는 없습니다. 주여, 문제 속에는 하나님이 주시는 답도 있을 줄 믿습니다. 주여, 지혜를 주세요. 길을 보여주세요."

그러다가 한국 알파코스가 온라인으로 알파코스를 진행한다는 사실을 알게 되었다. 관련 자료를 구해서 읽기 시작했다. 기도하면서 연구했다. 결국 송전교회 해피코스를 온라인 해피코스에 맞게 세팅할 수 있었다. 게스트들은 집에서 줌으로 접속만 하면 되었다. 선물팀은 멋진 선물을 준비하여 리더 헬퍼들이 게스트의 집으로 배달하게 했다. 간식팀은 줌 해피 동안 먹을 수 있게 맛있는 간식을 만들어서 배달했다. 온라인 해피를 시작하기 전에 스텝들과 함께 철저히 예행연습을 했다. 그렇게 해서 지난 가을과 올해 봄에 온라인 해피코스를 진행했다.

놀라운 일은 설마 했는데 줌을 통해서도 복음의 열매가 엄청나게 맺혔다는 사실이다. 물론 요즘도 다양한 전도법이 나오고 있다. 나 역시 거의 모든 전도법을 경험했다. 전도폭발부터 시작하여 거의 모든 전도법을 다 배웠다. 송전교회에 도입도 해봤다. 하지만 한계가 있었다. 게스트들을 초대하고 영접도 한다. 하지만 셀이나 제자훈련과 연결되지 않는다. 정착이 잘 되지 않았다. 이 모든 것을 해결한 것이 바로 해피코스 페스티벌이다.

코로나 전, 우리 교회는 해피코스를 봄가을 오프라인으로 진행했다. 정말 살인적인 스케줄이었다. 그런데도 성도들이 묵묵히 잘 따라와 주었다. 성도들이 참 고맙다. 하지만 이제는 약간의 변동을 주려고 한다. 봄에는 온라인으로 해피코스를 진행하려고 한다. 봄에는 지역 섬김이 활발하여 사역이 많기 때문이다. 가을에는 오프라인으로 해피코스를 운영할 것이다. 송전교회의 집중 열린 모임 12주와 해피코스 자료만 해도 무궁무진하다.

나의 소망은 이 자료들을 가지고 한국교회를 섬기는 것이다. 컨퍼런스도 열어서 자료를 공유하고 싶다. 그래서 한국교회에 도움을 주고 싶다.

줌을 통해
복음의 열매가 나타났다

미국 남침례교단 홈페이지에 의하면 남침례교단의 경우 매년 900개 교회가 문을 닫는다고 한다. 베스트셀러 작가이자 목회자인 라이프 웨이 톰레이너는 그의 저서 「죽은 교회를 해부해보면」에서 죽어가는 교회의 특징을 소개하고 있다.

첫째, 죽어가는 교회는 전임 목사를 잊지 못하고 연연한다.

둘째, 죽어가는 교회는 지역사회의 필요에 무관심하다.

셋째, 죽어가는 교회는 본교회를 위해서만 재정을 사용한다.

넷째, 죽어가는 교회는 예수님의 대 사명이 생략되어 있다.

다섯째, 죽어가는 교회는 담임목사의 임기가 짧다.

여섯째, 죽어가는 교회는 교회의 존재 목적을 잊고 있다. 반대로 살아 있는 교회는 어떤 상황에서도 교회의 존재 목적을 붙잡는다.

코로나가 일어나고 나서 처음 몇 달은 어떻게 전도해야 할지 몰랐다. 모든 전도가 멈추게 되었다. 해피코스 사역도 진행할 수 없었다. 그러다가 알파코리아에서 줌으로 진행한다는 이야기를 들었다. 당시 알파코리아는 구동휘 목사님이 새롭게 대표가 되어 있었다. 과거의 알파코리아가 아니었다. 알파코리아는 바르게 세워지고 있었다.

알파코리아의 내용을 참고로 해서 2021년 여름에 온라인 해피코스를 세팅했다. 매뉴얼부터 시작하여 스텝 교육까지 전부 새롭게 구성했다. 그해 가을 온라인 해피코스를 진행했다. 그런데 놀라운 일이 일어났다. 온라인을 통해서도 복음의 능력이 나타났다.

다음은 온라인 해피코스를 통해 행복하게 변화된 몇 분의 이야기다.

"해피코스 같은 프로그램에 참여해본 적이 없습니다."

"해피코스를 통해 예수님, 그리고 성령님에 대한 의문점이 풀렸습니다."

"해피코스를 통해 큰 위로를 받았습니다."

"나는 콤플렉스가 많았습니다. 욕심도 많았습니다. 쉼 없이 자신을 몰아쳤습니다. 자신의 욕구를 채우기 위해서 자기 계발을 했습니다. 월급도 더 많이 받는 곳으로 옮겼습니다. 온종일 일하고 퇴근 이후엔 공부했습니다. 새벽에 일어나 출근하는 일상을 경험했습니다. 하지만 마음 한편에는 허무함이 있었습니다. 물질을 채워도 없어지지 않았습니다. 통증도 있었습니다. 그러던 중 해피코스를 만나게 되었습니다. 해피코스를 통해 행복을 찾게 되었습니다. 새벽기도도 나가게 되었습니다. 기도 시간에 눈물이 나왔습니다. 펑펑 울었습니다. 그 후 몸의 통증도 사라졌습니다."

"나는 전형적인 불교 신자였습니다. 전도하는 사람은 무조건 무시해버렸습니다. 그러다 해피코스를 알게 되었습니다. '진짜 하나님이 존재하는가?' '왜 믿으라고 하는 거지?' 궁금했습니다. 줌을 통해 듣는 하나님이지만 점점 복음이 내 마음속에 파고들었습니다. 전율을 느꼈습니다. 어떤 말로도 표현할 수가 없었습니다. 한

주 한 주 토크를 통해 변화되었습니다. 하나님과 교회에 대한 부정적인 생각도 조금씩 긍정적으로 바뀌었습니다. 토크 시간이 기대되었습니다. 답답한 속이 뻥 뚫리는 것 같았습니다."

현재 이분들은 제자훈련으로 연결되어 훈련받고 있다. 이 모든 변화가 줌을 통해서 일어난 일이다. 나 역시 예상치 못한 일들이다. 코로나 시대에도 복음이 능력으로 역사했다. 내가 아무 일도 하지 않으면 하나님도 아무 일도 하지 않으신다. 그러나 내가 최선을 다하면 하나님도 일하신다.

수필가이자 「하나님, 저 잘 살고 있나요?」의 저자 전대진 작가는 말한다.

"0에 아무리 많은 수를 곱해도 그 결과는 0이다. 하지만 많은 수에 1을 곱하면 곱한 만큼의 숫자가 나온다."

즉 1×1억은 1억이 된다. 내가 해야 할 최선의 1을 할 때 하나님의 1억 역사가 나타난다. 코로나 팬데믹이지만 최선의 1을 할 때 하나님도 일하신다.

나는 성도들에게 부탁한다. 전도팀들에게 부탁한다. "다른 교회 성도들을 우리 교회로 데리고 오지 말라. 교패 있는 곳에 전도지를 넣지 말라." 우리 교회는 철저히 수평 이동을 지양한다. 전도는 믿지 않는 영혼을 복음을 통해 행복하게 하는 것이다. 하지만 오늘날 한국교회 전도를 보면 숫자에 집착하고 있다. 다른 교회 성도들을 데려오는 것을 당연히 여기고 있다.

미국 보수 침례신학교 학장을 역임한 버논 그라운즈 교수는 말한다.

"오늘 교회는 통계를 숭배하고 있다. 우리는 죄스럽게도 크기에 집착하고 있다. 예배당의 크기, 사례금의 액수, 주일학교의 크기, 교회 버스의 숫자 등에 지나치게 매여 있다. 교인의 숫자, 예산의 통계에 몰두하고 있다."

이런 현상 속에 있기에 우리는 불신 영혼의 구원보다 수평 이동에 집착하게 된다.

독일 루터교회 목사이자 신학자이며, 반나치 운동가였던 본회퍼 목사도 말했다.

"성공의 참된 척도는 주 예수 그리스도의 뜻에 단순히 순종하는 것이다. 결과에 개의치 않고 단순히 순종하는 것이다."

열매가 많든 적든, 숫자가 크든 작든, 예산이 많든 적든 상관없다. 우리가 주님의 지상 명령에 순종하며 살고 있다면, 그것이 성공한 목회라는 것이다.

영혼 구원에 목숨을 거니
사람 부자가 되었다

　　미국 보스턴대학에서 7세 어린이들의 일생을 시작으로 그들의 40년을 추적했다. 그들 중에 성공적인 인생을 사는 사람들의 특징이 있었다. 다른 사람과 어울리는 능력이 있었다는 것이다.

　　미국의 경영 컨설턴트 존 팀펄리 박사는 말한다.

　　"오늘의 시대는 누구를 아느냐의 시대이다."

　　목회도 좋은 만남이 있어야 한다. 그런데 나에게는 좋은 멘토가 많지 않았다. 인맥도 넓지 못했다. 목회적으로 한계를 느낄 때 도움을 구할 곳이 없었다. 그래서 항상 하나님께 기도했다.

　　"좋은 목회적 멘토를 보내주세요."

　　룻은 묵묵히 이삭을 주웠다. 보아스를 만나려고 이삭을 주운 것이 아니다. 열심히 이삭을 줍다 보니 하나님이 보아스를 만나게 하신 것이다.

　　나는 만남의 복이 없었다. 그렇다고 멘토가 나타날 때까지 기다리지만은 않았다. 멘토가 없어도 영혼 구원 하나에 초점을 맞추며 열심히 사역했다. 그랬더니 하나님이 참 좋은 멘토들을 만나게 해주셨다. 사역 현장에서 좋은 분들을 만나게 하셨다.

〈교회비전연구소〉김종석 목사님은 정말 많은 도움을 주었다. 셀과 양육 전반을 코칭해주셨다. 목회에 관련된 조언도 많이 해주셨다. 정말 고마운 분이다. 〈21세기 목회연구소〉김두현 목사님도 영혼 구원 목회가 바르게 가는 길임을 확인시켜 주셨다. 연구소에서 2년 넘게 받은 교육은 목회 전반에 많은 유익을 주었다. 목회의 방향을 잡는 데 큰 도움이 되었다. 알파코리아 구동휘 목사님은 온라인 해피코스에 대해 조언해주셨다.

교수님들도 있다. 총신대학교 정일웅 교수님은 교회학교 교육에 대해서 새로운 시각을 갖게 해주셨다. 서철원 교수님은 복음적 설교의 중요성을 강조해주셨다. 총신대학교 최광수 교수님은 다음 세대 교육의 중요성을 알게 해주셨다. 특히 청소년과 가정의 중요성에 대해서 조언을 많이 해주셨다. 총신대학교 김창훈 교수님은 설교사역에 도전을 주었다. 아신대학교 김한성 교수님은 선교에 불을 붙여주었다. 네팔 선교의 중요성도 깨닫게 해주셨다. 선교적 교회의 중요성을 알게 해주셨다. 오사카 신학대학 김건종 교수님은 일본 선교에 눈을 뜨게 해주셨다. 나는 일본 선교에 대한 관심이 전혀 없었다. 하지만 오사카 신학대학 선교를 통해 일본에 대한 하나님의 마음을 품게 되었다.

더불어 빼놓을 수 없는 분들이 있다. 용인 기독교총연합회 목사님들이다. 예장합동 용인노회 목사님들이다. 용인노회 선후배

목사님들은 모두 나에게는 소중한 멘토였다. 이분들은 목회에 있어서 참 많은 조언을 해주셨다. 특히 포곡제일교회 김종원 목사님, 주북제일교회 조동욱 목사님, 고림제일교회 조용구 목사님 같은 분들은 목회에 큰형님 같은 사랑으로 이끌어주셨다. 또한 성천교회 김병태 목사님은 제직훈련과 제자훈련 등에 대한 조언을 해주셨다.

평신도 중에는 이상화 장로님이 계신다. 이분은 우리 교회 성도가 아니다. CBS 뉴스에 송전교회의 전도와 양육이 방영되는 것을 보고 연락을 주셨다. 이분은 한의학을 통해 복음을 전하는 귀한 분이다. 나를 위해서 기도해주시고 송전교회에 대해 좋은 소문을 내주고 있다. 브니엘 권혁선 대표님에게도 감사하다. 송전교회 이야기를 책으로 내주기 위해서 한걸음에 송전까지 와주셨다. 너무도 감사하고 고마운 분이다. 이 외에도 일일이 다 열거할 수 없이 많은 분의 도움을 받았다.

복음의 현장을 붙들고 몸부림치면 하나님은 보아스 같은 분들을 보내주신다. 양육의 현장을 붙들고 생명을 걸면 하나님이 멘토들을 보내주신다. 그래서 목회 현장을 풍성하게 해주신다.

행복이라는 단어에 집중한 것은
지금 이 시대가 어느 때보다
행복을 찾고 있기 때문이다.
복음을 통해 행복한 사람을
만들고자 하는 비전을 품었다.

행복한 사람이 되는 길

1. 끝까지 참여해야합니다

2. 기대하며 참여해야합니다

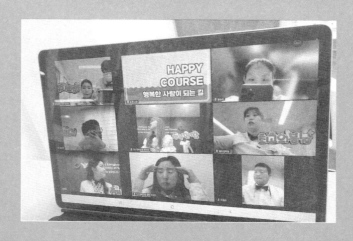

코로나 시대에도
양육이 이루어진 교회

팬데믹에도
제자훈련은 멈추지 않았다

나는 신학대학원을 다닐 때 영혼 구원의 목회를 배웠다. 신대원 다니면서는 제자훈련의 중요성을 알게 되었다. 하지만 제자훈련을 어떻게 해야 할지 몰랐다. 한국교회에 나온 제자훈련 세미나들을 다녀보았지만 제자훈련 교재를 그대로 사용하기에는 어려움이 있었다. 교회마다 상황이 다르기 때문이었다. 그러는 가운데 담임목회를 시작하게 되었다. 아직 제자훈련 교재를 풀 세팅하지 않은 상태였다. 하지만 교재를 세팅하기까지 기다릴 수가 없었다. 그래서 새가족 공부와 확신반 단계를 진행했다.

이곳에서 영혼의 변화가 일어났다. 복음의 능력도 경험되었다.

간증도 넘쳤다. 하지만 한계가 금방 왔다. 훈련받은 사람이 재생산 리더가 되지 못했다. 제자로 훈련받은 사람이 셀 교회를 세우는 단계까지 가지 못했다. 예비 리더나 핵심 리더가 되지 못했다. 제자훈련의 한계를 느꼈지만 방법을 몰랐다. 그래도 제자훈련은 멈추지 않고 진행했다. 나는 이 문제를 놓고 강단에서 매일 기도했다. 한계를 느끼면 하나님의 도우심을 구했다. 답답해도 포기하지 않고 하나님의 일하심을 구했다.

어느 날, 기도 중에 교회비전연구소 김종석 소장님에게 연락하고 싶었다. 그래서 전화를 걸어 고민을 전했다.

"셀 공동체를 살리는 제자훈련을 하고 싶습니다. 제자훈련도 결국 열매 맺는 제자를 세우는 것이 목표 아닙니까? 그런데 방법을 모르겠습니다."

그때 소장님은 나에게 '성공의 사다리'를 소개해주었다. 나는 '성공의 사다리'라는 양육체계를 처음 보았다. 소장님은 나에게 1단계부터 4단계까지 제자훈련 교재를 채우는 것, 양육체계 안의 교재를 만드는 것은 내 몫이라고 하였다.

나는 하나님께 간절히 기도했다.

"하나님, 셀을 살리는 제자훈련 교재를 만들고 싶습니다. 성도들에게 인생의 존재 목적을 알려주고 싶습니다. 복음을 위해서 생명을 거는 성도들을 세우고 싶습니다. 비전을 공유하는 리더들을 세우고 싶습니다. 하나님, 저에게 지혜를 주세요."

대한민국에 나온 제자훈련 교재를 모두 사서 그 교재들을 다 읽었다. 그리고 지금의 비전 사다리 교재를 만들게 되었다. 정말 이 교재를 만들 때 하나님의 은혜가 임하는 것 같았다. 하나님의 지혜가 임하는 것 같았다. 우리 교회 제자훈련 교재의 특징이 있다.

첫째, 불신자 영혼을 구원하여 핵심 셀원으로 세우는 것이다.
둘째, 사람을 세워서 셀 공동체를 돕는 일꾼으로 세우는 것이다.
셋째, 번식 리더를 세우는 것이다.
넷째, 하나님의 꿈을 발견하게 한다.
다섯째, 담임목회자와 비전을 공유하게 한다.

제자훈련 교재를 세우는 과정을 통해 깊이 깨달은 것이 있다. 모든 것이 준비될 때까지 기다리지 말아야 한다. 모든 것이 부족해도 자신에게 있는 자료를 갖고 최선을 다해야 한다. 내가 아주 열심히 하면 하나님이 길을 열어주신다. 그래서 나는 '줄탁동시'라는 말을 좋아한다. 어미 닭이 밖에서 알을 깰 때 달걀 속에 있는 병아리도 같이 쪼아야 한다는 뜻이다. 하나님은 지금도 부흥을 주려고 하신다. 교회를 위해 일하려고 하신다. 그러므로 우리 역시 본질 사역을 붙들고 몸부림을 쳐야 한다. 모든 것이 부족해도 최선을 다하면 하나님은 일하여주신다.

그런데 제자훈련에 큰 장애물이 막아섰다. 바로 코로나19 팬데믹이다. 코로나19는 제자훈련 자체를 못 하게 했다. 제자훈련이 모두 중지되었다. 그렇게 얼마의 시간을 보냈다. 하지만 이대로 가만히 있을 수가 없었다. 왜냐하면 교회의 본질은 사람을 세우는 일이기 때문이었다.

베이직교회 담임인 조정민 목사는 말한다.

"간절히 원하는 사람은 결코 핑계를 찾지 않는다. 반드시 방도를 찾는다."

그래서 나는 정부 방역 지침에 따라 융통성 있게 제자훈련을 하는 방법을 찾았다. 마스크를 쓰고 제자훈련반을 운영했다. 코로나 가운데도 적게는 3클래스부터 시작해서 많게는 5클래스를 진행했다. 코로나 팬데믹도 송전교회 제자훈련을 막지 못했다. 코로나 전이나 후나 송전교회는 여전히 사람 세우는 일을 멈추지 않았다.

역동적인 셀 양육체계가
교회 직분자를 세우는 바탕이다

일반적으로 교회에는 제직을 세우는 기준이 있다. 교회에 나온 지 2년 정도 지나고 십일조와 헌금생활을 해야 한다. 주일성수를 해야 한다. 송전교회도 제직을 세우는 기준은 같았다. 나는 이런 말을 많이 들었다.

"일꾼은 세워 놓으면 일한다."

하지만 집사를 세워도 비전 공유가 되지 않았다. 기도 순서도 진행되지 않았다. 교회 사역에 동역이 되지 않았다. 답답한 마음이었다.

송전교회 안에 셀 양육체계를 세팅한 후 제직과 중직을 세우는 기준의 변화가 왔다. 성도들에게 디모데전서 4장 6절 말씀을 근거로 말씀을 전하였다.

"네가 이것으로 형제를 깨우치면 그리스도 예수의 좋은 일꾼이 되어 믿음의 말씀과 네가 따르는 좋은 교훈으로 양육을 받으리라."

그리스도 예수의 좋은 일꾼은 훈련을 통해 세우라는 메시지이다. 이때부터 설교 시간에 제직과 중직을 세우는 기준에 대해서 나누기 시작했다. 제직이나 중직을 많이, 그리고 빠르게 세우기보다 천천히 바르게 세우자고 했다. 제자훈련을 통해서 세우자고 했다.

송전교회 서리집사 기준은 이렇다.

첫째, 제자훈련 전 과정을 수료해야 한다.

둘째, 새벽예배 3회 이상과 모든 예배에 참석해야 한다.

셋째, 비전 공유가 되어야 한다.

넷째, 전도자여야 한다.

다섯째, 제자훈련 과정을 수료해도 경건훈련이 되지 않으면 다음 해에 서리집사로 임명되지 않는다.

중직자 기준도 세웠다.

첫째, 제자훈련 전 과정을 수료해야 한다.

둘째, 셀 리더 5년, 교회 봉사 7년, 교사 5년 한 사람으로 한다.

셋째, 새벽예배 3회 이상과 모든 예배에 참석해야 한다.

넷째, 비전 공유가 되어야 한다.

다섯째, 전도하고 있어야 한다.

이렇게 하다 보니 중직과 제직이 되는 사람이 많지 않았다. 여기저기서 임직에 대한 부담을 주었다. 왜냐하면 다른 교회들은 임직식이 자주 진행되고 있었기 때문이다. 하지만 나는 천천히 바르게 세우자고 했다. 장로님들도 같은 마음을 가져주셨다.

송전교회는 매년 서리집사가 2~5명 정도밖에 세워지지 않는다. 또한 1년 동안 기준에 맞지 않으면 다음 해에 서리집사로 세워지지 않는다. 그런데도 전혀 시험에 들지 않았다. 안수집사와 권사를 세우는 임직식도 10년 만에(2022년) 하게 되었다. 이미 모두 검증된 사람들이기에 임직자 투표 결과가 만장일치에 가까웠다.

참으로 감사한 것은 송전교회 임직식은 부담이 없다는 것이다. 임직자들이 교회에 따로 헌금하지 않는다. 물론 임직자가 감사한 마음으로 헌금하는 것은 거절하지 않는다. 교회가 임직자들에게 양복이나 한복도 해주지 않는다. 각자 집에 있는 옷 중에서 깨끗한 옷을 입고 온다. 임직자들을 위한 중보기도자를 세워서 임직식 때까지 기도해주게 한다. 중보기도자들은 임직자 선물을 준비하여 성도와 가족들에게 나누게 한다. 임직식 때 물질 때문에 시험들 일도 없다. 이 모든 것이 제자훈련 덕분이다. 셀 양육체계는 송전교회의 본질이다.

많은 사람이 열매를 쉽게 얻으려고 한다. 그리고 나부터 쉬운 길로 가려고 한다. 믿음생활을 쉽게 하려고 한다. 한국교회가 사는 길이 뭘까 고민해본다. 지름길 신앙을 버리는 것이다. 지름길은 빨라 보인다. 쉬워 보인다. 좁은 길로 가는 것은 느려 보인다. 돌아가는 것처럼 보이고 힘들다. 외로운 길이다. 하지만 영광의 자리에 서는 길이다. 좁은 길은 본질의 길이다. 생명의 길이다.

일주일에 5회 이상
제자훈련이 이루어진다

목사가 해야 할 일이 무엇일까? 나는 이 질문을 참 많이 했다. 하나님이 목사에게 부탁하신 가장 중요한 일이 뭘까? 설교, 심방, 목양 등 많을 것이다. 에베소서 4장 11~12절을 보면 이런 말씀이 나온다.

"어떤 사람은 목사와 교사로 삼으셨으니 이는 성도를 온전하게 하여 봉사의 일을 하게 하며 그리스도의 몸을 세우려 하심이라."

목사와 교사 앞에 관사가 하나로 연결되어 있다. 목사가 곧 교사라는 뜻이다. 목사는 성도를 온전하게 하고 봉사의 일을 하게 하며 그리스도의 몸을 세우게 하는 일을 해야 한다는 의미이다. 목사의 주된 사역은 영혼을 세우는 일이다. 예수님의 제자를 세우는 일이다. 성경을 읽다가 이 사실을 깨달았다. 이 말씀을 깨닫고 나는 목회자의 정체성을 알게 되었다. 목회자로서 내가 해야 할 가장 중요한 일은 성도를 세우는 일이다. 물론 설교 사역, 기도 사역, 심방 사역도 중요한 목회이다. 하지만 우선순위로 본다면 제자훈련이 먼저다.

코로나 시대에도 양육이 이루어진 교회

그때부터 나는 제자훈련에 더욱더 생명을 걸었다. 처음 시작할 때 제자훈련에 동참하는 사람도 있고, 동참하지 않는 사람도 있었다. 그래도 제자훈련이 목회의 본질임을 알기에 꾸준히 전진했다. 하나님 앞에 매일 새벽 강단에서 기도했다.

"예수님의 목회를 하길 원합니다. 제자훈련의 자리를 지키게 해주세요. 제자훈련을 받을 사람이 없어서 쉬는 일이 없게 해주세요. 2단계 확신반 단계를 일 년에 100명 이상 받게 해주세요."

하나님은 나의 기도를 들으셨다. 나는 일 년 내내 제자훈련을 쉬지 않고 있다. 2단계에 100명까지는 받지 못하지만 상반기 하반기 합해서 60명 이상은 받고 있다. 많을 때는 80명까지 받는다. 제자훈련은 내 목회의 최우선이다. 외부 일정이 있어도 제자훈련을 포기하지 않는다. 결혼식이나 각종 모임이 있어도 제자훈련을 먼저 진행한다. 오히려 다른 일정을 옮긴다.

일주일에 제자훈련을 7번까지 진행해봤다. 현재에도 5번을 진행하고 있다. 수요일과 목요일 한 클래스씩, 토요일 오전, 오후 두 클래스를 진행한다. 가을부터는 토요일 오전 두 클래스, 오후 한 클래스가 더해진다. 주일에는 해피코스 토크와 새가족 공부가 진행된다. 그렇게 되면 정말 제자훈련이 일주일에 7번 이루어지게 된다.

나의 주일 스케줄은 이렇다. 새벽 1시에 교회에 나온다. 그리고 그날 말씀을 다시 한번 묵상하고 기도한다. 그렇게 8시에 1부 설교를 하고, 10시에 2부 설교를 한다. 12시에는 3부 설교를 하고, 3부 이후 제자훈련생이나 상담할 성도들을 만나고 각종 모임을 인도한다. 2시에 셀 리더 모임에 참석하여 셀 리더들과 비전을 공유한다. 3시에는 4부 설교를 한다. 그리고 오후 4시 20분에 제자훈련을 시작하여 6시쯤 마친다. 그러면 교역자들이 교회 사역과 관련된 각종 보고서를 제출한다. 그리고 집에 온다. 완전히 녹초가 된다. 종종 주위에서 말한다.

"옥한흠 목사님도 일주일에 제자훈련 3번 이상 하지 말라고 했어. 그러다가 일찍 죽을 수도 있어."

"몸을 돌보지 않고 사역하면 건강을 해칠지 모른다."

"제자훈련을 너무 많이 하고 있어. 쉬엄쉬엄해."

모두 다 걱정해서 해주는 말씀이다. 너무나 고맙다. 하지만 목회자를 지치게 하는 것은 사역이 아니다. 사람들이 변하지 않을 때이다. 사람들이 제자훈련의 중요성을 모를 때이다. 제자훈련이 부담되어서 교회를 멀리할 때이다. 그때 낙심되고 지친다. 제자훈련 하는 일 자체는 너무나 행복하다. 나는 훈련생들에게도 같은 말을 한다.

"제자훈련을 하면서 여러분과 만나는 것이 너무 행복합니다. 제자훈련이 많아서 힘든 것이 아닙니다. 훈련생들이 변화되지 않을 때 힘듭니다. 훈련의 중요성을 이해하지 못할 때입니다. 하지만 여러분이 복음으로 변화될 때 너무 즐겁습니다. 밥을 먹지 않아도 배부릅니다."

나는 사도 요한의 마음을 이해할 수 있다.

"형제들이 와서 네게 있는 진리를 증언하되 네가 진리 안에서 행한다 하니 내가 심히 기뻐하노라. 내가 내 자녀들이 진리 안에서 행한다 함을 듣는 것보다 더 기쁜 일이 없도다"(요삼 1:3-4).

복음으로 변화되는 성도를 볼 때 모든 피로가 사라진다. 물론 지금은 제자훈련을 내가 직접하고 있다. 하지만 앞으로는 리더들에게 조금씩 위임할 것이다. 나는 나이가 들어도 제자훈련의 자리를 지킬 것이다. 목사의 존재 목적이 사람 세우는 일이기 때문이다.

빠르게보다
바르게 이루어진 양육체계

코로나 팬데믹 전에 송전교회는 일주일 내내 전도했다. 모든 성도가 노방 전도를 했다. 모든 셀은 영혼 구원에 초점을 맞추었다. 셀 모임 때마다 전도를 위해서 기도했다. 빈 방석을 두어 전도 대상자에게 집중하게 했다. 봄, 가을엔 12주 집중 열린 모임(관계 전도)을 쉴 새 없이 진행했다. 우리 교회는 전도된 영혼을 그대로 내버려 두지 않는다. 반드시 제자훈련 단계로 연결한다. 일주일 내내 끊임없이 전도와 양육이 진행된다.

어떨 때는 이런 생각이 든 적이 있다.

'한 영혼을 구원하고 제자 삼는 일이 붕어빵 찍어 내듯이 나오면 좋겠다. 왜 이렇게 많은 수고를 해야 하는지 모르겠다. 도대체 내가 바르게 하는 것이 맞는가? 수평 이동하는 방법을 찾으면 쉬울 텐데.'

왜냐하면 한 영혼을 구원하고 제자 삼는 일에 너무 많은 수고를 해야 하기 때문이었다. 성도들의 신앙을 세우기 위해서 너무 많은 인내를 해야 했다.

코로나 이후 제자훈련이 가능해졌을 때의 일이다. 코로나로 인해 제자훈련생들이 긴장이 약간 풀어졌다. 경건훈련도 흐트러졌다. 특히 새벽예배와 전도 부분이 느슨해진 것을 느꼈다. 그래서 제자훈련생과 수료생들 면담을 진행했다. 제자훈련생들에게는 경건 과제물을 바르게 진행해달라고 강하게 전달했다. 제자훈련 수료생들은 원칙대로 전 과정 수료 대상에서 탈락시켰다. 송전교회는 제자훈련 전 과정을 수료해도 경건 관리가 안 되면 1회 권면한다. 그래도 경건 관리가 진행되지 않으면 수료자에서 탈락한다. 재수강을 하게 한다.

이 일을 진행하면서 이런 마음마저 들었다.

'내가 훈련생들에게 이렇게까지 해야 하나? 수료생들도 나를 싫어할 것이다. 나는 인기 없는 목사가 되네!'

그런데도 모든 제자훈련생과 수료자들은 묵묵히 순종하고 있다. 특히 코로나 팬데믹을 겪으면서 새삼 깨닫는 것이 있다. 그것은 코로나 팬데믹에 송전교회 성도들의 믿음이 영향을 받지 않았다는 것이다. 셀 모임도 영향을 받지 않았다. 성도들의 예배도 영향을 받지 않았다. 목회나 신앙은 빠르게보다 바르게 가야 한다는 것을 다시 한번 느꼈다.

작고하신 옥한흠 목사님이 이런 말씀을 한 적이 있다.

"생명을 다해 양적 성장이 아닌 질적 성장인 영혼 구원에 힘써야 한다. 교회 키우는 욕심을 버려야 한다. 예수에 미치고 제자훈련에 미치고 평신도를 빛나게 해야 한다."

교회를 빠름보다 바름으로 이끌면 좋은 점이 있다.

첫째, 바르게 가는 교회는 숫자의 올무에서 자유롭다. 송전교회는 출석 성도 숫자를 세지 않는다. 교회 주보에 그 주 통계를 넣지 않는다. 오히려 세례를 몇 명 받았는지에 더욱 집중한다. 제자훈련을 받는 일에 더 신경을 쓴다.

둘째, 바르게 가는 교회는 규모보다는 건강한 교회를 만들려고 한다. 송전교회 성도들은 규모가 큰 교회보다 건강한 교회를 세우려는 마음을 품고 있다.

코로나 시대에도
셀이 방학하지 않은 교회

셀이 교회 모든 사역의
핵심이다

셀 교회의 아버지 랄프 네이버는 전통적 교회를 '콩자루 교회'라고 불렀다. 예배가 끝나자마자 콩자루에서 쏟아지는 콩처럼 신자들이 뿔뿔이 흩어지는 모습을 비유했다. 콩자루 속의 콩은 함께 있지만 하나가 아니다. 현대교회 성도들은 함께 예배를 드린다. 하지만 하나가 되지 못하고 있다.

하지만 셀 교회는 어떤가? 수원 예수마을셀교회 담임목사인 박영 목사는 셀 교회를 '메주콩 교회'라고 말한다. 모이기에 힘쓰고 서로 돌아보고 자신을 부인하며 하나가 된다. 누룩처럼 세상을 변화시키는 성도가 된다. 교회에 도움이 되는 성도가 된다. 구경꾼

신자가 아니라 제자, 사역자가 된다.

과거 송전교회는 전도회 중심이었다. 남전도회, 여전도회가 교회 사역을 이끌었다. 전도회는 장점도 있지만 한계도 있었다.

첫째, 몇몇 사람만이 움직였다. 전 성도의 참여가 적었다.

둘째, 전도회는 전도하는 곳이다. 하지만 영혼 구원보다는 친교가 중심이 되었다. 전도가 이루어지지 않았다.

셋째, 교회 봉사도 이분들이 중심이 되었다. 그러다 보니 일꾼이 많지 않았다. 여러 사역을 겸해서 하다가 지치기 쉬웠다.

넷째, 비전 공유가 어려웠다. 각 전도회에서 다양한 사역을 진행했다. 하지만 그 일을 담임목사가 전혀 파악하지 못했다. 월 1회 전도회 월례회가 있다. 전도회에서 척사대회가 진행된다. 그런데 행사가 진행되었을 때 알게 되는 경우가 많았다. 담임목사로서 소외감을 느꼈다.

2012년, 송전교회는 셀 체제로 전환하였다.

제자훈련을 통해 셀원들과 셀 리더들을 세워갔다. 성도들은 제자훈련을 통해 온전하게 되고 믿음이 자란다. 믿음이 자라야 봉사의 일을 한다. 그리스도의 몸인 교회를 세운다(엡 4:12). 비전 공유도 확실히 이뤄진다. 셀원들은 셀 리더를 돕게 된다. 셀 리더는 모든 사역에 적극적으로 협력하게 되었다. 셀 리더 모임은 송전교회의 모든 사역을 움직이는 실질적 심장과 같다. 매주 주일날 모이는 셀 리더 모임에서 교회 모든 사역이 움직인다. 당회는 모든 사역이 역동적으로 진행되도록 행정적으로 돕는다.

예를 들어 우리 교회는 지역을 청소하는 행사를 분기별로 진행한다. 이를 위해서 교구 중심으로 지역을 배분한다. 셀 사역부가 종량제 봉투, 집게, 교회 조끼를 준비한다. 셀 리더 모임 때 마을 대청소 기획안을 보여주며 비전을 공유한다. 그리고 주일 4부 예배를 드린 후 지역 청소를 한다. 모든 일이 막힘없이 진행된다. 셀 중심이니까 셀에 속한 모든 성도가 참여한다.

그 외에도 특별새벽기도회, 척사대회, 어린이 꿈 축제도 모두 셀 중심으로 진행된다. 송전교회 모든 행사의 중심에 셀 교회가 있다. 셀 교회 안에는 셀 리더가 있다. 셀 교회가 송전교회 모든 사역의 핵심이 되고 있다.

팬데믹에도
셀 모임은 방학하지 않았다

창세기를 보면 하나님은 아담과 하와 두 사람을 통해 최초의 가정을 이루셨다. 소그룹 가정을 통해 하나님 나라를 완성하려는 계획을 세우신 것이다. 이 가족 공동체에 주신 비전은 무엇인가? 생육, 번성, 충만, 정복, 다스리는 것이다. 그러므로 우리는 소그룹을 통해 세상을 정복하고 다스리는 생산자이다.

그런데 인간은 원수 마귀로 인해 죄를 짓고 말았다. 이 사명을 잃어버리고 말았다. 정복자의 사명, 생산자의 비전을 잃어버리고 말았다. 하지만 하나님은 무너져버린 주님 나라 비전을 회복시키겠다고 선지자들을 통해 선포하셨다. 신약시대에 와서 하나님은 예수님을 보내셔서 십자가에서 모든 것을 다 이루셨다. 예수님은 승천하기 전에 우리에게 다시 생육, 번성, 충만, 정복, 다스림의 비전을 주셨다. 그 사명이 바로 이것이다.

"그러므로 너희는 가서 모든 민족을 제자로 삼아 아버지와 아들과 성령의 이름으로 세례를 베풀고 내가 너희에게 분부한 모든 것을 가르쳐 지키게 하라. 볼지어다. 내가 세상 끝날까지 너희와 항상 함께 있으리라 하시니라"(마 28:19-20).

수많은 무리가 예수님을 따랐다. 하지만 예수님은 열두 명의 제자를 부르셔서 소그룹 공동체를 만드셨다. 이들에게 하나님 나라 비전을 주셨다. 바로 소그룹을 통한 제자화 비전이다. 그래서 신자가 아닌 제자로 삼으라고 말씀하신 것이다. 그러므로 셀 모임은 주님의 비전 성취의 장소이다. 셀 모임은 쉴 수도 없고, 방학이 있을 수도 없다.

송전교회가 구역일 때를 기억한다. 여름 주일날, 주보의 구역 통계란을 보았다. 구역 모임이 전혀 이루어지지 않고 있었다. 구역 예배 방학이었던 것이다. 구역장들은 여름이면 덥다고 겨울이면 춥다고 방학을 했다. 명절이면 명절이라고 방학했다. 구역장들은 평상시에도 자기들 마음대로 구역 모임을 하지 않았다. 매주 주일 주보 구역 통계란을 보면 구역 모임이 드려지지 않는 경우도 많았다. 아마도 대부분 교회에서도 일어나는 일일 것이다.

하지만 현재 송전교회 셀 모임은 방학이 없다. 이것은 송전교회를 셀로 전환할 때 세운 원칙이다. 셀 모임은 명절에도 방학이 없다. 아예 방학 자체를 할 수 없게 했다. 명절 기간이면 미리 모이거나 아니면 전화를 통해서라도 셀 모임을 가지라고 전한다. 여름이든 겨울이든 휴가 기간이든 절대 방학이 없다. 그래서 주보에 셀 모임이 빈칸으로 나가지 않게 한다. 만약 셀 모임이 진행되지 않은 셀이 있다면 반드시 셀 리더 면담을 통해 진행하도록 권면한다. 감사하게도 송전교회에서 셀 모임은 방학이 없는 문화가 되었다.

그리스도인을 향한 로마제국의 핍박이 점점 심해졌을 때였다. 교회지도자 중 일부는 너무 위험하니 이제 더 이상 모이지 말자고 말했다. 그런데 히브리서 기자는 모이기를 폐하는 어떤 사람들의 말을 듣지 말라고 권면한다(히 10:25).

주님이 다시 오실 날이 가까이 오고 있다. 앞으로 점점 모이는 데 어려움을 겪을 것이다. 물론 굳이 모일 필요가 없다고 주장하는 사람이 많아지고 있다. 물리적으로 모이지 않아도 모일 수 있는 편리한 인터넷 시대를 우리는 살고 있다. 그러나 편리하다고 마냥 좋은 것은 아니다. 정말 영적 가족이 되고 서로를 세우는 모임이 되어야 한다. 그러기 위해서는 시간을 내고 모이는 데 수고해야 한다.

코로나19가 시작되면서 가장 큰 걱정이 셀 모임이었다. 정부에서 소그룹 모임을 허락하지 않았기 때문이다. 그런데도 전체 셀 리더에게 셀 모임은 방학이 없음을 전달하였다. 대면이 어려우면 비대면이라도 셀 모임을 하라고 권면했다. 전화로 하든지, 줌을 통해서 하든지 진행하라고 전했다. 셀 리더들에게 매주 셀 모임 보고서도 제출하게 하였다. 덕분에 코로나 가운데에서도 셀 모임을 쉬지 않고 진행했고, 셀 리더들은 셀원들을 잘 관리할 수 있었으며, 셀원들은 교회 예배에 집중할 수 있었다. 믿음생활도 돌볼 수 있었다.

셀 리더가
바로 세워지면 셀이 산다

캘리포니아대학의 토머스 사이 교수는 말한다.

"회원은 리더의 절대적 영향을 받는다. 리더가 소매를 걷어붙이고 부지런히 움직이면 회원도 열심히 일한다. 리더가 콧노래를 흥얼거리며 즐겁게 일하면 회원도 일을 즐겁게 한다. 이것을 리더의 감염작용이라고 한다."

셀 리더가 바로 세워지면 셀원들도 제대로 세워진다는 뜻이다.

송전교회 셀 리더들은 정말 대단하다. 어떤 때는 눈물이 날 정도이다. 이들의 헌신과 순종을 보면 하나님께 감사한 마음뿐이다. 셀 리더들은 어머니 같다. 이들은 셀원과의 모임을 위해서 몇 번이고 모인다. 이번에 코로나19 확진으로 성도들이 집에서 격리되는 경우가 많았다. 코로나 확진을 받은 셀원도 많았다. 그때 확진자들은 음식을 준비하거나 약을 받으러 병원에 갈 수도 없었다. 이때 셀 리더가 중심이 되어 확진받은 셀원을 돌보는 경우를 많이 봤다. 셀 리더가 대신해서 약을 타서 가져다주거나 음식을 해서 섬겼다. 셀원들도 함께 셀 가족을 돌보았다.

어느 목사님이 송전교회를 탐방했다. 송전교회 셀 사역에 대해서 나누면서 이런 질문을 했다.

"남성 셀이 잘 모이지 않는데 어떻게 하면 좋을까요?"

답은 역시 셀 리더에 있다. 왜냐하면 셀 리더가 살면 셀 모임은 반드시 진행되기 때문이다. 송전교회 남성 셀 리더들은 한 명의 셀원을 위해서라도 눈물겨운 섬김을 한다. 여러 번의 셀 모임을 하더라도 반드시 셀 모임이 되도록 하고 있다. 코로나 팬데믹이 있었지만 셀 리더들이 있었기에 교회가 든든히 세워져 갈 수 있었다. 그러므로 셀 리더를 잘 세워야 한다.

셀 리더는 단기간에 세워지지 않는다. 속성과정으로 세워지는 것이 아니다. 부임 초창기, 나도 교인들의 숫자가 늘어나면서 열심히 사역하는 사람을 리더로 세웠다. 하지만 언제나 실패했다. 왜냐하면 순종훈련이 되지 않았기 때문이다. 비전 공유가 되지 않았기 때문이다. 결국 셀은 없어지거나 모임이 되지 않았다.

2012년, 구역에서 셀로 전환할 때도 그랬다. 셀 사역에 헌신하기로 한 구역장을 따로 면담했다. 그들에게 셀 리더 서약서에 사인하게 했다. 내용은 이렇다. 셀원들을 심방하겠는가? 셀 모임을 반드시 드리겠는가? 제자훈련을 받겠는가? 비전에 순종하겠는가? 새벽예배를 드리겠는가? 하지만 서약해도 비전 공유가 되지 않았다. 셀 리더로서의 헌신을 감당하지 못했다. 그래서 중간에 셀 리더를 그만둔 사람들도 있었다. 그때 나는 깨달았다.

첫째, 셀 리더는 반드시 제자훈련을 통해 세워야 한다.
둘째, 셀 리더는 순종하는 사람을 세워야 한다.
셋째, 셀 리더는 비전 공유가 되는 사람을 세워야 한다.

셀로 전환하는 교회들이 기억해야 할 것이 있다. 셀 리더가 서약해도 반드시 제자훈련을 해야 한다는 것이다. 제자훈련을 통해 담임목사와 충분히 시간을 가져야 한다. 비전을 나눠야 한다.

송전교회 제자훈련의 마지막 과정은 셀 리더 학교이다. 이 단계에서 셀 리더들은 인생의 존재 목적을 알게 된다. 셀 리더로서 주어진 사명을 감당하는 일이 하나님의 목적임을 나눈다. 또한 담임목사와 함께 평생 이 비전을 위해서 달려가는 일이 얼마나 중요함을 알게 된다.

나는 제자훈련 전 과정을 마친 후 훈련생들과 일대일로 인터뷰한다.

첫째, 하나님의 비전이 무엇인가?
둘째, 담임목사와 함께 비전을 품고 평생 달려가겠는가?
셋째, 비전 앞에 순종하겠는가?

만약 이 질문에 '아멘'이 나오지 않는다면 리더로 세워지지 않는다.

누군가 물을 것이다.

"왜 이렇게까지 하면서 셀 리더를 세웁니까?"

나는 대답한다.

"셀 리더가 살아야 셀이 살기 때문입니다."

셀 리더가 사는 길은 철저한 제자훈련밖에 없다. 셀 교회만 가지고는 건강한 리더를 세울 수가 없다. 제자훈련을 통해 셀 리더를 세워야 한다.

송전교회는 정말 좋은 셀 리더가 많다. 비전을 최우선에 두며 사는 분도 있다. 영혼 구원을 생명으로 여기고 동역해주시는 분도 있다. 때로는 담임목사의 무리한 부탁에도 묵묵히 동역하는 분도 계신다. 아픈 몸에도 셀 리더의 자리를 붙드는 분도 있다. 나는 셀 리더에게 고마운 마음뿐이다. 그래서 행복한 목회자이다.

코로나에도
셀 리더 모임은 멈추지 않았다

셀 교회로 전환하기 전, 송전교회는 구역장, 인도자, 권찰로 리더들이 구성되어 있었다. 이분들을 중심으로 구역장 모임을 했다. 하지만 구역장 모임은 잘 이루어지지 않았다. 그래서 모임 시간을 다양하게 옮겨 보았다. 수요 예배 후에 모이기도 했고, 오후 예배 후에 모이기도 했다. 하지만 참석률이 30%도 되지 않았다. 구역장들은 구역장 모임에 참석하지 않아도 당당했다. 비전 공유도 되지 않았다.

특별새벽기도회를 하면 구역장임에도 나오지 않는 일이 다반사였다. 특별새벽기도회에 구역장들이 특송하는 시간이 있었다. 구역장임에도 특송 순서에 참여하지 않았다. 척사대회를 하든 교회 행사를 하든 모두 적극적이지 않았다. 이런 상태이니까 교회가 역동성이 없는 것은 당연했다.

하지만 현재 셀 리더 모임은 전혀 다르다. 주일 3부 예배 후 오후 1시 50분에 모인다. 셀 리더 참여율이 98~100%이다. 거의 모든 셀 리더가 참석하고 있다. 셀 리더 모임은 이렇게 진행된다.

먼저, 셀 리더들을 중심으로 된 찬양팀이 찬양을 인도한다.
둘째, 교회와 셀 리더, 담임목회자를 위해서 합심 기도를 한다.
셋째, 담임목사가 셀 리더들을 위해서 기도한다.
넷째, 교구별로 4W 교안을 나눈다.
다섯째, 교회 목회를 나눈다.
여섯째, 셀 보고서와 4W 보고서를 제출한다.

일곱째, 전도 달란트를 받는다. 일주일 동안 노방 전도, 관계 전도를 한 경우 셀과 셀원들에게 달란트를 제공한다. 이 달란트는 가을에 전도 달란트 축제 때 사용된다.

셀 리더 모임은 상황에 따라 셀 리더를 위한 강의를 한다. 또한 기도회를 하기도 한다. 이 시간을 통해 서로를 위해서 기도하고 격려하도록 한다. 코로나19 상황에도 송전교회 셀 리더 모임은 멈추지 않았다. 교회에서 모일 수 없을 때는 줌으로 진행했다. 대면으로 모일 수 있게 되었을 때 셀 리더 모임을 한다고 광고했다. 코로나 팬데믹 상황이라 대면으로 모이지 않았던 상태였다. 코로나19에 대한 두려움이 많은 상황이었다. 아무리 대면이 가능해졌다고 해도 셀 리더들이 참석할지 염려했다. 하지만 놀랍게도 셀 리더들은 코로나 팬데믹 상황에서도 순종하며 셀 리더 모임에 참석하였다. 그때를 생각하면 셀 리더들에게 감동이 되기도 하고 고맙기도 했다. 셀 리더들은 거의 모두 참석하였다.

셀 리더 모임이 왜 이렇게 잘 되었을까? 몇 가지 이유가 있다.

첫째, 셀 리더 원칙 때문이다.

셀 리더들은 셀 리더 모임을 연 5회 이상 빠질 수 없다. 무단 3회 이상 빠질 수 없다. 만약 셀 리더 모임을 연 5회 이상, 무단 3회 이상 빠지면 셀 리더를 하지 않는 것으로 받아들인다.

둘째, 설령 셀 리더가 부득이하게 빠져도 반드시 담임목사와 면담하도록 했다.

부교역자나 셀 사역부 임원에게 전하고 빠지는 경우가 있다. 왜냐하면 담임목사와의 면담은 셀 리더 처지에서 어떻든 부담이 된다. 그런데도 면담하도록 한 것은 가능하면 셀 리더들이 셀 리더 모임을 빠지지 않도록 하기 위해서였다.

셋째, 제자훈련 덕분이다.

제자훈련 과정을 통해 셀 리더 모임의 중요성을 많이 강조한다. 그래서 코로나19 상황임에도 셀 리더들이 잘 참여한 것이다.

넷째, 담임목사가 셀 리더 모임에 반드시 참석한다.

나는 외부 강사가 오거나 교회에 중요한 행사가 있어도 셀 리더 모임은 무슨 수를 써서라도 참석한다. 왜냐하면 담임목사가 셀 리더 모임을 얼마나 중요하게 여기는지 보여주기 위해서다. 셀 리더들은 송전교회의 보석과도 같은 분들이다. 이분들 덕분에 송전교회 셀이 더욱 빛나고 있다.

셀로 전환하는 교회들이
기억해야 할 것이 있다.
셀 리더가 서약해도 반드시
제자훈련을 해야 한다는 것이다.

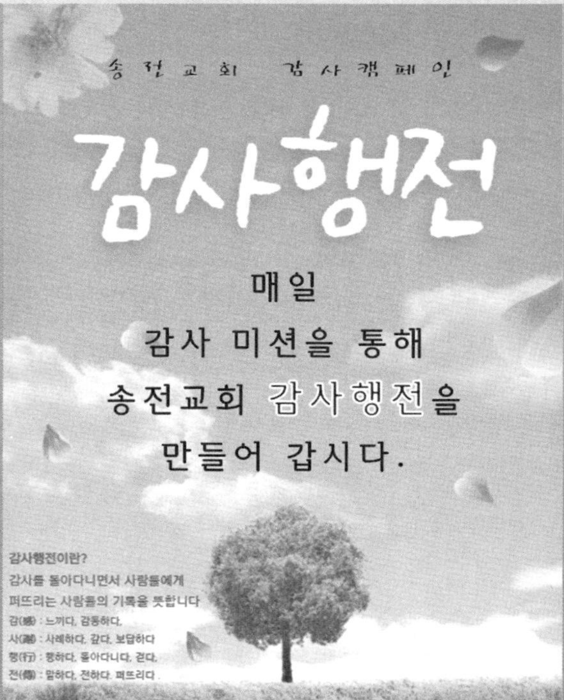
송전교회 감사캠페인
감사행전
매일
감사 미션을 통해
송전교회 감사행전을
만들어 갑시다.
감사행전이란?
감사를 돌아다니면서 사람들에게
퍼뜨리는 사람들의 기록을 뜻합니다
감(感) : 느끼다, 감동하다.
사(謝) : 사례하다, 갚다, 보답하다
행(行) : 행하다, 돌아다니다, 걷다.
전(傳) : 말하다, 전하다, 퍼뜨리다 .

코로나 시대에도
전 교인이 훈련받은 교회

부임 초부터
믿음의 언어훈련은 끊이지 않았다

　　인천에 있는 어느 교회의 일이다. 그 교회는 교회를 건축하고 있었다. 목사님도 지치고 성도들도 많이 힘들어했다. 그래서 매주 금요기도회 때 외부강사를 모셨다. 한국교회에서 설교 잘하기로 유명한 분들이 와서 설교했다. 목사님은 예배당 맨 앞에 앉아서 열심히 적으면서 설교를 들었다. 그런데 설교를 들으면 들을수록 한 가지 의문이 생겼다. 강사 목사님들 모두 설교를 너무 잘한다. 그런데 왜 어느 교회는 부흥하고 어느 교회는 부흥하지 못하는 걸까? 그때 목사님이 발견한 것이 있었다. 바로 강사 목사님들의 설교 언어였다. 설교를 잘하고 부흥하는 교회 목사님들은 믿음의 언어가 많았다. 반면에 설교는 잘하지만 부흥하지 않는 교회 목사님들은 정죄의 언어가 많았다. 이것은 목회자나 성도들의 언어가 중요함을 보여준다.

베스트셀러 작가인 버니 S. 시겔은 말한다.

"신의 책상 위에는 이런 글이 씌어 있다. '네가 만일 불행하다는 말을 하고 다닌다면 불행이 정말 어떤 것인지를 보여주겠다. 또한 네가 만일 행복하다고 말하며 다닌다면 행복이 정말 어떤 것인지 보여주겠다.'"

송전교회는 제자훈련을 열심히 하고 있었다. 하지만 모든 교인이 훈련받을 영역도 있었다. 그래서 부임 후 제일 먼저 한 일이 '말에 대한 설교'였다. 왜냐하면 대부분 교회가 그렇듯이 송전교회 성도들의 언어가 부정적이었기 때문이다.

"우리 교회는 시골 교회여서 안 된다."

"우리 교회는 역사가 오래되어서 변화가 어렵다."

"우리 교회는 일꾼이 많지 않아서 어렵다."

"우리 교회는 힘들게 하는 사람이 많아서 안 된다."

성도들의 언어가 패배적인 언어가 많았다. 거기다가 험담도 많았다.

나는 송전교회 성도들의 언어를 바꾸어야 함을 깨달았다. 그래서 서점에 나온 언어에 관련된 책을 사서 읽기 시작했다. 책을 읽으면서 하나님이 우리의 말을 얼마나 중요하게 여기시는지를 알게 되었다. 또한 교회의 문제는 대부분 언어문제이고, 가정의 문제도 언어문제이며, 인생의 문제도 언어문제라는 사실을 깨달았다.

기적적인 치유와 축사사역으로 유명한 톰 브라운 목사의 저서 「혀의 권세」에는 이런 말이 있다.

"키는 배의 방향을 결정하는 데 사용한다. 폭풍우가 몰려오더라도 키가 있으면 배는 항로를 이탈하지 않을 수 있다. 당신의 혀도 배의 키와 같다. 인생의 폭풍우 앞에서 당신의 항로를 잡아주는 것이 당신의 혀다. 말이 인생 항로를 결정한다."

그 후 나는 새벽 강단이든 주일 강단이든 평상시든 성도들 앞에서 이렇게 선포하기 시작했다.

우리 교회는 한국교회 모델 교회가 될 것이다.
우리 교회는 역동적인 젊은 교회가 될 것이다.
우리 교회는 한국교회를 섬기는 교회가 될 것이다.
우리 교회는 전 교인이 전도하는 교회가 될 것이다.
우리 교회는 전 성도가 사역하는 교회가 될 것이다.

먼저 목회자인 나부터 언어를 바꾸었다. 성도들에게 언어의 중요성에 대해서 수없이 설교했다. 설교집을 내면 수십 권이 될 것이다. 끊임없이 성도들의 언어가 믿음의 말이 되도록 훈련했다. 그런데 참으로 놀라운 일이 일어났다. 실제로 말한 대로 하나님이 되게 하셨다. 2011년, 〈국민일보〉에 우리 교회가 전도팀으로 한국교회에 알려졌다. 2012년에는 CBS 〈새롭게 하소서〉에 방영되었다.

그 후 나는 전도 양육, 구역 강사로 한국교회를 섬기고 있다. 전 교인이 일주일 내내 전도하는 교회로 변해가고 있다. 우리 교회 성도들은 젊고 역동적인 성도들이 되어가고 있다. 현재는 책을 통해 한국교회에 송전교회 사역을 알리고 있다. 전 교인을 향한 언어훈련은 우리 교회의 축복이 되었다.

교회 평안을 위해
불평 없이 살아보기를 시작하다

미국 컬럼비아대학의 심리학 교수인 제프리 로어 박사가 이런 말을 했다.

"사람이 불평을 못 참고 토해내는 것은 마치 갇힌 엘리베이터 안에서 방귀 뀌는 것과 같다. 꽉 막힌 밀폐된 엘리베이터에서 방귀를 뀌면 잠시 잠깐은 시원할 수 있다. 하지만 금세 주변 사람들을 고통스럽게 만든다. 더 나아가 나 자신도 고통스럽다. 그래서 절대로 당신은 불평의 입술을 떼지 말고 불만과 원망의 입술을 닫아야 한다."

송전교회 성도들은 언어훈련을 꾸준히 진행해왔다. 그러던 중 전 세계 수많은 TV와 라디오 쇼에 출연하여 강연한 윌 보웬 목사의 저서「불평 없이 살아보기」라는 책을 읽게 되었다. 이 책을 읽으면서 '불평 없이 살아보기 캠페인'을 교회에 적용하고 싶은 마음이 생겼다. 그래서 불평 없이 살아보기 매뉴얼을 만들었다. 이 캠페인을 해야 할 이유를 3주간에 걸쳐 설교했다. 설교 제목은 아래와 같다.

"불평은 인생을 해롭게 합니다."
"불평은 건강을 해롭게 합니다."
"감사는 불평을 제거합니다."

교육부와 셀 사역부를 통해 불평 제로 밴드를 샀다. 21일 동안 불평 없이 살아보기 습관을 갖도록 권면했다. 포스터, 현수막, 주보에 불평 없이 살아보기 캠페인을 광고했다. 불평 제로 영상을 만들어 배포했다. 불평 금지 스티커를 만들어서 성도들의 가정에 붙이게 했다. 또한 교회 소그룹 룸, 식당 등에 '불평하지 않는 자리'라는 알림판도 만들었다. 알림판의 내용은 이렇다. '이 지역은 공식적으로 불평없는 지역으로 지정되었습니다. 당신이 불평을 비판

을 험담을 하고자 한다면 다른 데로 자리를 옮겨주시기 바랍니다.'
'불평 없이 살아보기' 카톡 이미지를 만들어서 사용하도록 하기도
했다. 만약 불평하게 되면 불평 제로 밴드를 반대쪽으로 끼도록 하
였다. 그리고 다시 21일 불평 제로에 도전하게 하였다.

새가족 심방을 했던 기억이 있다. 가족이 전부 심방을 받았다.
그런데 가족 모두가 불평 제로 밴드를 차고 있었다. 할아버지, 할
머니, 아들, 며느리, 손주까지 모두 불평 제로 밴드를 차고 있었다.
한 분이 식사 자리에서 이런 말을 했다.

"남편이 불평하면 아이들이 불평 제로 밴드를 바꿔 차라고 해
요! 서로 불평하지 않으려고 조심하고 있어요. 불평 제로 밴드는
큰 도움이 되고 있어요."

그날 그 모습을 보면서 감격스러웠다. 이 캠페인에 성도들이
함께하는 모습에 큰 감동을 받았다.

나는 전 교인에게 불평 없이 살아보기 훈련을 시켰다. 왜냐하
면 불평이 인생을 불행하게 하기 때문이다. 불평이 교회에 분란을
일으키기 때문이다.

베스트셀러 「시크릿」의 저자 론더반은 말한다.

"누군가 불평하는 걸 듣거나 거기에 집중하거나 또는 그 사람
을 동정하거나 그 사람에게 동의하면 그 순간 그 불평하는 상황이
당신에게 일어날 것이다."

나는 불평없이 살아보기 캠페인을 하면서 느낀 것이 있다. 불평 없이 살아보기만으로는 안 된다. 감사 고백으로 이어져야 한다. 그래서 감사에 관련된 책들을 사들였다. 감사에 관련된 모든 것을 탐독하고 감사 설교를 시작했다. 교회 언어를 감사 언어로 바꾸기 위해서였다.

그러자 성도들의 언어가 바뀌기 시작했다. 특히 대표 기도가 바뀌었다. 대표 기도에 '감사합니다'라는 단어가 많이 들어갔다. 감사하는 기도 내용이 많으니까 기도가 훨씬 더 은혜로워졌다. 감사 걷기도 하게 했다. 감사할 것을 생각하면서 산책하는 캠페인이다. 매일 감사 50번 하기도 진행했다. 주보 목회서신을 통해 감사의 말에 대한 법칙을 알려주었다. 그 내용은 다음과 같다.

첫째, 생각으로 하기 전에 먼저 말로 감사하라.
둘째, 힘든 환경 속에서도 감사를 말하라.
셋째, 생활 속에서 감사하라.
넷째, 사소한 것에 감사하라.
다섯째, 감사할 대상에게 감사를 잊지 말라.
여섯째, 구체적으로 감사하라.

그 결과 교회 분위기는 점점 밝아졌다. 교회는 더욱더 젊어졌다. 생기가 넘쳤다. 기회가 된다면 우리 교회 불평 제로 캠페인 자료를 책으로 내고 싶다. 감사 관련 자료들도 나누고 싶다. 또한 감사 세미나를 열어서 공유하고 싶다. 모든 교회가 다 잘되는 것이 하나님의 뜻이기 때문이다. 전 교인 감사 운동에서 빠질 수 없는 것이 감사 일기이다. 다음 장에서 나누겠다.

감사 일기는
감사행전으로 나아가는 디딤돌

　감사에 관련된 책을 볼 때면 늘 등장하는 것이 있었다. 바로 감사 일기였다. 감사에 관한 책들은 감사 일기의 유익을 많이 전하고 있었다.

　「내 인생을 바꾸는 감사 일기」의 저자 국민대학교 이의용 교수는 감사 일기의 유익을 이렇게 말했다.

　"사람을 대하는 눈이 달라진다. 부부싸움이 줄었다. 과거의 상처나 슬픔이 덜 아프게 됐다. 나쁜 상황을 만났을 때 이전보다 더 긍정적으로 생각하게 됐다. 주변 사람들로부터 밝아졌다는 이야기를 자주 듣는다. 전보다 웃는 횟수가 많아졌다. 내가 더 멋진 사람이라고 느껴졌다. 전보다 삶의 에너지가 더 많아졌다. 내 삶에 희망이 있다고 느껴졌다."

성도들에게 감사 일기의 중요성에 대해서 설교하기 시작했다. 셀과 전 교인들, 그리고 교육부 학생들에게 감사 일기에 참여하도록 권면했다. 제자훈련 가운데에서도 감사 일기를 쓰는 일이 습관이 되도록 양육하였다. 성도들이 감사 일기를 쓸 수 있도록 7가지 원칙을 주보 칼럼에 알려주었다.

원칙 1. 한 줄이라도 좋으니 매일 쓰라.

원칙 2. 주변의 모든 일을 감사하라.

원칙 3. 무엇이 왜 감사한지를 구체적으로 작성하라.

원칙 4. 긍정문으로 쓰라.

원칙 5. '때문에'가 아니라 '덕분에'로 쓰라.

원칙 6. 하루 다섯 가지씩 작성하라.

원칙 7. 모든 문장은 '감사합니다'로 마무리하라.

무엇보다도 성도들에게 추수감사절에 감사 일기를 강단에 봉헌하자고 선포했다. 추수감사절에 곡식 감사, 헌금감사도 중요하다. 하지만 감사 일기는 일 년 동안 하나님께 드린 감사 고백이다. 그러므로 감사 일기를 추수감사절에 드리는 일은 가치 있는 일이다. 또한 추수 감사 한 달 전부터 감사 릴레이 운동을 했다. 고마운 사람에게 감사 편지를 쓰게 했다. 그리고 커피나 음료수를 선물하게 했다. 감사를 받은 사람들은 다른 사람에게 감사 편지와 커피를 선물하게 했다. 추수감사절이 감사로 풍성해졌다. 이 일이 〈국민일보〉에 알려져 기사로 나오게 되었다. 기사가 나간 이후, 여러 교회에서 추수감사 축제와 감사 일기, 불평 없이 살아보기 캠페인에 대해서 문의해왔다.

2021년 추수감사절 때이다. 미국 뉴저지에서 정정숙이라는 분이 우리 교회를 방문했다. 이분은 패밀리터치 설립자이자 원장이었다. 자신은 현재 감사 관련 책을 쓰고 있으며 송전교회 이야기 기사를 보고 책에 넣고 싶었다는 것이었다. 정정숙 원장은 우리 교회 추수감사절 예배를 함께 드렸다. 예배 후 잠깐 이야기를 나눌 시간이 있었다. 원장님은 말했다.

"송전교회 추수감사절 풍경을 보면서 큰 감동을 받았어요. 성도들의 얼굴에 기쁨이 넘쳐요. 감사가 풍성해 보입니다."

2022년, 그분의 책이 나왔다. 「래디컬 그래티튜드」이다. 이 책에 송전교회를 언급했다. 추수감사절 송전교회 분위기는 기쁨과 행복이 가득했다는 내용이었다.

매년 우리 교회는 추수감사절 감사 일기장을 봉헌한다. 올해는 감사 저금통까지 하려고 한다. 송구영신 예배 때 감사 저금통을 나누어주었다. 내가 감사 저금통을 결심하게 된 이유가 있다. 우리

노회에 포곡제일교회가 있다. 이 교회 담임목회자인 김종원 목사님은 내가 아주 존경하는 분이다. 포곡제일교회는 매년 추수감사절 날 감사 저금통을 드린다는 것이다. 김 목사님이 감사 저금통을 결심하게 된 이유가 있었다. 김 목사님이 총신대학교에서 강의한 적이 있다. 추수감사절에 관한 이야기를 나누었는데 신학생 한 명이 자신은 매일 천 원씩 저금하여 추수감사절 헌금을 드린다는 것이었다. 신학생은 경제적으로 쉽지 않다. 그런데 신학생이 그런 결심을 하는 것을 보고 목사님은 도전받았다. 그래서 포곡제일교회의 교회에도 적용하고 있다.

매일 천 원을 감사 저금해야 하는 이유가 있다. 병원에서 산소 호흡기를 사용하는 비용이 얼마인지 아는가? 하루 30만 원이다. 3일이면 백만 원이다. 그런데 우리는 매일 공기를 무료로 사용하고 있다. 물은 어떤가? 중동에서는 물 한 드럼 값이 기름 한 드럼 값이다. 실제로 하루 물값을 계산해보았다. 14만 원이다. 하나님께 매일 무료로 받는 공기와 물값만 해도 44만 원이다. 그러므로 최소한 천 원을 감사 저금해서 추수감사절에 드리자는 것이다. 한국교회가 추수감사절에 감사 일기장, 감사 저금통, 감사 릴레이로 풍성해질 것을 기대해본다.

한 가지 더, 송전교회는 100감사 운동도 있다. 100감사는 내적 치유 수양회의 프로그램 중 하나이다. 내적 치유 수양회는 제자훈

100년 넘은 시골 교회 젊은 교회가 되다

련의 과정에 있다. 1박 2일 동안 참가자들에게 100감사를 쓰게 한다. 교회와 담임목회자, 그리고 가족에게 100감사를 쓰게 한다. 감사할 때 내적 치유가 일어나기 때문이다. 우리 교회 로비에는 100감사 노트가 전시되어 있다. 내적 치유 수양회를 거친 수강생들의 100감사를 진열해 놓고 있다.

나는 모든 성도가 감사 훈련을 하도록 노력했다. 하지만 꾸준히 하기란 쉽지 않다. 중요한 것은 담임목회자의 집중력이다. 담임목회자가 집중하여 바르게 가면 성도들은 따라오게 되어 있다. 빠르게 하려고 하기보다 바르게 천천히 가다 보면 길이 보인다.

코로나 시기
감사행전으로 소통하고 훈련하다

목회 데이터 연구소 통계가 있다. 교회에서 소그룹 활동을 하는 분들이 감사 생활을 잘하고 있었다. 여러 사람에게 고마운 마음을 많이 느끼고 있었다. 감사거리가 대단히 많다고 고백하였다. 코로나 팬데믹을 겪으면서 우리 교회 감사 캠페인에 변화가 있었다. 그것은 바로 감사행전이다. 감사행전은 감사 미션을 통해 성도들이 매일 감사를 실천하는 운동이다.

감사행전에 대한 아이디어는 이의용 교수님을 통해 얻었다. 송전교회에서 이의용 교수님을 모시고 감사 세미나를 진행한 적이 있다. 교수님과 대화를 나누다가 감사행전을 교회에 적용하면 좋겠다는 마음이 들었다. 그래서 우리 교회 상황에 맞게 재구성했다. 당시 코로나 상황이어서 성도들과 셀, 교육부, 교사들, 담임목회자와의 교제가 부족했다. 전체 성도를 향한 신앙훈련도 필요했다. 그런데 감사행전이 이 문제를 해결할 수 있었다. 그래서 교육부와 교인 전체를 대상으로 감사행전을 진행했다. 감사행전은 다음과 같이 진행하고 있다.

먼저, 성도들 대상 감사행전이다.
1. 매일 감사 미션을 셀 리더방에 올린다.
2. 그러면 셀 리더들은 아침 7시까지 셀방에 공지한다.
3. 전 셀원과 성도들은 감사 미션을 수행한다.
4. 감사 미션 내용을 셀방에 올린다.
5. 셀 리더들은 감사 미션 내용을 셀 리더 카톡방에 올린다.
6. 셀 리더는 각 셀방에서 셀 감사행전을 만든다.
7. 셀 리더는 셀 리더 카톡방에서 교회 감사행전을 만든다.

다음으로, 다음세대 감사행전이다.

1. 매일 감사 미션을 교육부 카톡방에 올린다.

2. 교사들은 아침 7시까지 각 셀방에 공지한다.

3. 교사와 아이들이 감사 미션을 수행한다.

4. 감사 미션 내용을 각 셀방에 올린다.

5. 교사들은 감사 미션 내용을 교육부 교사 카톡방에 올린다.

6. 교사는 각 셀방에서 셀 감사행전을 만든다.

7. 교사는 교사 카톡방에서 다음세대 감사행전을 만든다.

감사행전은 코로나 팬데믹 중에 하나님이 우리 교회에 주신 선물이었다. 축복이었다. 성도들은 감사행전의 유익을 이렇게 말한다.

"성도들과의 교제가 다양해졌습니다. 주변 사람들에게 긍정적 에너지를 주었습니다."

"내가 행복해졌습니다. 평안한 하루를 보낼 수 있었습니다. 웃음 주는 사람이 되었습니다."

"가족과의 관계가 좋아졌습니다. 삶의 여유가 생겼습니다. 마음이 가벼워졌습니다."

"경건훈련에 도움이 되었습니다. 담임목사님의 헌신과 비전의 방향을 알 수 있었습니다."

"감사 습관을 갖게 되었습니다. 전도에 도움이 되었습니다."

"교회에서 뒷담화가 사라졌습니다. 험담도 줄어들었습니다."

감사행전을 이어가는 데 가장 큰 고민이 있었다. 그것은 매일의 감사 미션을 찾는 일이다. 그래서 행복나눔125 오세천 대표님과 대화를 나누기도 하고, 감사 관련 책을 찾아보기도 했다. 덕분에 감사 미션만 200가지를 넘게 만들었다. 감사 미션의 예를 보면 이렇다.

"이웃에게 감사하다는 말 듣기, 불평 없이 살아보기, 가족에게 요리해주어서 감사하다는 말 듣기, 하루에 감사합니다는 말 5번 듣기, 칭찬하기, 이웃에게 감사 선물하기, 상대방의 말 경청하기."

한번은 코로나 시기에 택배 기사님이 과로로 숨진 기사를 보았다. 그래서 그날 감사 미션으로 택배 기사님에게 감사를 표현하는 미션을 넣었다. 생수를 준비하고, 간식을 준비하여 '감사합니다'를 하도록 하였다. 덕분에 송전교회 이미지가 더욱 좋아졌다.

감사하게도 우리 교회 행정팀 성도 가운데에 디자인을 잘하는 분이 있다. 그분이 감사행전 파워포인트를 만들어 준다. 그러면 내가 감사 미션을 넣는다. 성도들에게 매일 PDF 파일로 보낸다. 코로나 시기에 감사행전은 교회 이미지를 이웃들에게 좋게 만들어주었다. 모든 성도와 소통할 수 있었다. 성도들과 다음세대를 훈련할 수 있었다.

나는 감사에 관련된 책을 내고 싶다. 그리고 세미나도 하고 싶다. 브니엘 출판사 대표님도 긍정적으로 생각하고 있다. 우리 교회에 주신 선물을 한국교회와 나누고 싶다.

코로나 시대에
지역사회를 더 많이 섬긴 교회

지역 섬김은
교회 이미지를 바꾼다

목회 컨설팅 연구소 대표인 김성진 소장은 말한다.

"미래교회는 지역교회로 가야 한다. 지역의 필요를 공급하고 지역과 함께하는 교회가 되어야 한다. 그 지역에 반드시 있어야 하는 바로 그 교회를 세워야 한다."

나는 이 말에 깊이 공감한다. 송전교회는 100여 년이 넘게 시골 지역인 용인 송전리에 있다. 송전교회는 아픔이 있었다. 지역사회에 좋은 교회라는 이미지가 약했다. 용인 지역교회들 가운데에서도 송전교회에 대해서 긍정적인 이미지가 부족했다. 하지만 현재 송전교회 이미지는 너무 좋아졌다. 지역 주민들이 송전교회에 대해서 이렇게 말한다.

"송전교회는 좋은 일을 많이 하는 교회이다. 송전교회는 지역을 잘 섬기는 교회이다. 어린이들을 잘 섬기는 교회이다. 어르신들을 공경하는 교회이다."

그 시작이 꾸준한 지역 섬김에 있다. 전임 목회자들이 지역 섬김을 시작해주셨다. 나는 그 섬김의 기초위에 지역 섬김을 확장해 나갔다. 대표적인 사역이 노인대학 사역이다.

대한민국은 점점 노년층이 많아지고 있다. 이분들은 외롭다. 물질적인 가난도 있지만 정서적인 가난도 심하다. 이부분을 책임지는 사역이 노인대학 사역이다.

송전 지역은 어르신이 많다. 이분들에게 노인대학에 오는 날은 소풍 오는 날과 같다. 화장도 하고 옷도 예쁘게 다려 입고 오신다. 노인대학 차량은 시골 곳곳에 들어간다. 일주일에 한 번 노인대학에 오는 날은 장보는 날이기도 하다.

용인시청에서 노인대학을 시작하고 나서 송전노인대학이 타격을 입을 줄 알았다. 하지만 송전노인대학은 변함없이 잘 진행되었다. 왜냐하면 용인시청에서 진행하는 노인대학은 시골 곳곳에 차량이 들어가지 않기 때문이다. 송전노인대학은 150~200여 명의 어르신이 참여하고 있다. 노인대학엔 한글반, 영어반, 댄스반, 서예반, 대중음악반, 종교음악반, 한문반이 있다. 외부에서 돕는 교수님들도 있지만 대부분은 송전교회 성도들이다. 또한 독거노인과 도르가 반찬팀을 통해 지역의 어르신들과 불우이웃들을 섬기고 있다. 분기별로 모든 성도와 함께 지역 대청소를 꾸준히 하고 있다.

특히 어린이 꿈 축제는 이동읍 지역의 대표적인 다음세대 축제가 되었다. 나는 송전지역 다음세대를 보면서 늘 마음 한쪽에 부담이 있었다. 이 지역의 어린이들은 어린이날 놀이공원도 못 가고 있었다. 그래서 다음세대를 섬길 방법을 하나님께 기도했다. 그렇게 해서 탄생하게 한 것이 어린이 꿈 축제이다. 매년 5월 5일 어린이날에 꿈 축제를 열고 있다. 30개의 체험 부스를 준비한다. 동부경찰서, 소방서, 인근 군부대까지 협력했다. 경찰체험 부스, 군부대 체험도 하도록 했다. 아이들이 30개의 체험 부스를 다 돌면서 도장을 받으면 선물을 주었다. 장기 자랑을 통해 자전거 등의 선물도 주었다. 매년 어린이와 어른까지 2,000여 명이 참석하는 지역 행사가 되었다. 물론 모든 스텝은 송전교회 성도들이 섬기고 있다. 또한 다음세대를 위하여 뮤지컬이나 인형극 공연을 진행하고 있다.

기자들은 나에게 이런 질문을 많이 한다.

"송전교회가 지역 행사를 많이 하는 이유가 뭔가요?"

나는 기자들에게 다음과 같이 대답한다.

"송전교회가 이 지역에 존재하는 이유가 있습니다. 지역에 필요한 교회가 되는 것입니다. 만약 지역을 책임지고 섬기지 못하면

100년 넘은 시골 교회 젊은 교회가 되다

그 지역에 존재할 이유가 없습니다."

또 이런 질문도 한다.

"이 행사들을 진행하려면 물질이 많이 드는데 어떻게 충당합니까?"

나는 이렇게 답한다.

"나는 비록 가진 것이 없지만 하나님 아버지가 부자입니다. 하나님이 채울 것을 믿고 추진합니다. 믿음으로 도전하면 하나님이 길을 열어주십니다. 지금까지 물질이 없어서 지역 섬김을 못하지 않았습니다."

송전교회 지역 섬김은 교회 이미지를 바꾸어 놓았다. 성도들에게는 송전교회에 대한 긍지를 갖게 해주었다.

팬데믹 시기,
이웃을 더 많이 섬겼다

2021년 〈국민일보〉 겨자씨에서 본 내용이 있다. 성냥불과 반딧불에 대한 이야기이다.

"성냥불과 반딧불은 똑같은 불빛을 낸다. 하지만 다른 부분이 있다. 성냥불은 작은 입김에도 꺼진다. 불꽃이 바깥공기에 노출돼 있어 그렇다. 그러나 반딧불은 비바람에도 빛을 잃지 않는다. 그 빛이 자기 안에 있기 때문이다. 성냥불은 금방 꺼진다. 겨우 자기 몸을 태우며 불빛을 내기 때문이다. 그러나 반딧불은 생명에서 나오는 빛이기에 오래 타오른다. 성냥불은 그을음을 남기지만 반딧불은 오염물질을 한점도 배출하지 않는다. 물질과 명성은 성냥불과 같다. 성냥불(물질과 명성)이 꺼지면 주변의 사람들도 사라지고 외로움만 남는다. 반딧불은 이웃을 위해서 자신의 몸을 내놓으며 섬겼던 예수님을 닮았다. 한국교회도 예수님을 닮아 생명을 전하는 섬김이 되었으면 한다."

코로나 팬데믹 상황에서 성도들의 얼굴을 볼 수가 없었다. 그런데 용인노회 주북제일교회 조동욱 목사님이 이런 말을 해주셨다.

"코로나 팬데믹 가운데 성도들을 볼 수가 없다. 그래서 교인들에게 카톡으로 케이크와 커피를 선물한다. 성도들의 큰 감동을 받더라."

그 얘기를 들으면서 하나님은 나에게도 감동을 주셨다. 전 성도의 가정에 선물을 보내고 싶었다. 물론 비용은 사비로 하고 싶었다. 고민하던 중에 안흥찐빵으로 보내면 좋겠다는 마음이 들었다. 그래서 횡성의 안흥찐빵으로 전화해서 전 성도의 가정에 택배로 보냈다. 선물을 받은 성도님들은 감동의 마음을 전하였다. 모두 목사님의 사랑에 감사하다고 하였다.

그런데 주소가 잘못 적혀서 불신자들의 집으로도 배달이 되었다. 택배 포장지에 모두 내 번호가 적혀 있었다. 그래서 이분들이 나에게 전화를 거셨다.

"목사님, 잘못 배달된 것 같아요. 어떻게 하죠? 요즘 코로나로 인해 교회가 나쁜 이미지인데요? 송전교회는 그런 교회가 아니라는 소문을 많이 들었어요. 앞으로도 좋은 일을 많이 부탁드립니다."

여러 명에게 이런 전화를 받았다. 그동안 우리의 섬김이 헛되지 않았음을 알게 되었다.

사실 코로나 이후 교회 이미지가 너무 안 좋아졌다. 그래서 우리 교회 성도들도 성경책을 들고 다니기가 부끄러울 정도였다고 하였다. 하지만 송전교회는 지역을 잘 섬기는 교회라는 이미지가 있었기에 잘 이겨낼 수 있었다. 그러면서 나는 하나님께 이런 기도를 드렸다.

"하나님 아버지, 한국교회 이미지가 좋지 않습니다. 매스컴은 연일 코로나가 교회발이라고 합니다. 너무도 가슴이 아픕니다. 어쩌다 이 지경까지 왔는지 모르겠습니다. 어떻게 해야 할지 모르겠습니다. 송전교회가 있는 지역만큼은 책임지겠습니다. 잘 섬기겠습니다."

송전교회는 셀 리더와 셀 중심으로 지역 방역을 했다. 방역복을 입고 상가와 카페들을 중심으로 소독을 했다. 지역 자영업자들을 돕기 위해서 지역 상품권을 발행했다. 물론 이 상품권은 성도들의 헌물이었다. 성탄절에는 사랑의 라면을 섬겼다. 어린이날에는 행복 선물을 전달하였다. 명절에는 갈비를 드렸다. 사랑의 케이크도 드렸다. 이동읍 장애인을 위해서 처인구 장애인 복지센터와 함께 명절 선물을 드렸다. 지역 학생 중에서 가정형편이 어려운 학생을 선발하여 장학금을 지급하고 있다.

"위기가 기회"라는 말이 있다. 코로나는 한국교회의 위기였다. 하지만 지역을 잘 섬길 기회이기도 했다. 코로나 팬데믹으로 송전교회는 지역을 더욱 많이 섬겼다. 그래서 더욱더 좋은 이미지를 가질 수 있었다.

소문 듣고 찾아오는
칭찬받는 교회가 되다

2022년 〈국민일보〉와 사귐과 섬김 코디연구소가 공동으로 전국 만 19세 이상 국민 1000명을 대상으로 설문조사를 했다. '한국교회를 어느 정도 신뢰하나?'라는 것이다. 응답자의 18.1%만 신뢰한다고 답했다. 그 결과는 2년 전 31.8%, 지난해 20.9%에 이어 또다시 추락했다. 더 충격적인 결과는 종교별로 나타난 이미지였다. 기독교는 물질적이다, 이기적이다 등의 응답이었다. 반면 천주교와 불교는 도덕적, 헌신적, 포용적 등으로 나타났다.

복음주의 신학자 존 스토트 박사의 말이 생각난다.

"사랑은 단순한 낭만이나 감상이나 감정이 아니다. 그것은 적극적인 태도와 행동이다."

한국교회가 더 적극적인 태도로 지역을 섬겨야 한다. 구체적인 행동을 보여야 한다. 지역을 사랑하고 섬길 때 좋은 소문이 난다. 교회 이미지가 좋아진다. 칭찬받게 된다.

2022년 용인 특례시 시장 선거 때 일이다. 용인기독교 총연합회 주관으로 시장 후보들과 대화하는 시간이 있었다. 그때 나는 교회 복지 정책에 관해 시장 후보들에게 질문했다.

"한국교회 봉사단 통계에 따르면 기독교는 금전, 재능, 기부 등 다른 종교 단체와 비교하면 복지 참여가 높다고 합니다. 우리 교회도 노인대학을 15년을 넘게 해오고 있습니다. 지역 유아들을 위해서 키즈랜드를 운영하고 있습니다. 지역 어린이들을 위해서 실내 놀이터와 어린이날 축제 등을 하고 있습니다. 사실 이 모든 일은 용인시에서 지역 주민들을 위해서 해야 할 일입니다. 그러나 저뿐만 아니라 많은 목회자가 느끼는 것이 있습니다. 시(市)에서 조금만 재정적 협력을 해주면 좀 더 양질로 지역을 섬길 수 있습니다. 그런데 조례가 없다는 등의 이유로 지금까지 협력이 안 되고 있습니다. 의견을 듣고 싶습니다."

시장 후보 모두 이런 말을 해주었다.

"조례를 고쳐서라도 용인시에서 지역을 섬기는 교회 사역을 적극적으로 돕겠습니다."

이분들이 이런 말을 했던 것은 특히 송전교회가 이동읍 지역을 잘 섬기고 있다는 사실을 알고 있었기 때문이다.

참으로 감사한 것은 친분이 있는 목회자들도 말한다.

"송전교회가 지역을 잘 섬기는 것이 귀합니다. 자기 교회만이 아니라 지역을 책임지는 좋은 교회입니다."

이런 말을 들을 때마다 참으로 하나님께 감사한 마음이 든다. 함께 동역해준 송전교회 성도들에게 고마운 마음이 든다.

지역사회와 더불어
지금도 성장 중인 건강한 교회

미국의 로버트 슐러 목사가 은퇴한 후 딸인 쉴라 콜먼이 담임목사직을 물려받았다. 그런데 오래가지 못하고 2010년에 교회가 파산하고 말았다. 교회창립 55년 만이자 예배당 건축 후 30년 만에 5,500만 달러(당시 약 778억)의 부채를 갚지 못해 부도가 난

것이다. 파산한 수정교회를 매입한 오렌지 카운티 가톨릭교회 교구는 그 교회 이름을 그리스도 대성당이라는 바꾸었다. 지금은 미국 가톨릭교회의 새로운 상징이 되었다.

미래학자 최윤식, 최현식 박사는 「한국교회 미래 지도」에서 다음과 같이 말했다.

"지난 10여 년 동안 한국교회는 작은 교회는 수십억, 중대형 교회는 수백억, 초대형교회는 수천억을 들여 교회를 지었다. 거의 모두 빚이었다. 당분간은 버틸 것이다. 하지만 2030년경 한국교회는 부도 도미노에 빠질 것이다."

무리하게 교회 건축을 추진하다가 파산에 이른 교회 사례들이 심심치 않게 들려오고 있다. 서울의 한 중형교회는 지나치게 교회 건물을 건축한 뒤 은행 빚을 감당하지 못하게 되었다. 결국 예배당을 매물로 내놓았다. 은행 이자조차 갚지 못해 빚더미에 올라앉은 것이다. 이 건물은 이단 단체 하나님의 교회에 매각되었다. 최근 추세는 교회를 리모델링하는 것이다. 송전교회 건물은 조금 오래되었다. 그런데도 부임 이후 100주년 기념으로 비전 센터를 건립했다. 이곳에 지역 섬김을 위한 카페와 어린이 도서관을 만들었다. 각종 세미나실도 함께 제공했다. 더불어 다음세대 사역과 문화사역을 위해 아트홀도 극장식으로 건립했다.

하지만 본당은 여전히 노후되어 갔다. 새가족 중에는 교회가 너무 오래되고 깨끗하지 않다고 말하는 이도 있었다. 더욱이 교회 사역은 점점 많아지는데 공간은 턱없이 부족했다. 2013년부터는 불신자를 초대하는 해피코스를 시작했다. 토크룸도 마땅하지 않았고, 식당도 너무 좁았다. 소그룹룸도 좁았다. 해피코스 스텝들은 식사 장소가 없어서 당회실과 작은 소그룹 룸에서 식사했다. 열악한 상황에서도 성도들은 묵묵히 순종했다.

교회 공간의 필요성을 모두 느끼고 있었다. 그래도 감히 교회 증축을 시도할 수가 없었다. 그러던 어느 날, 장로님 한 분이 찾아왔다. 아파트를 판 비용 1억을 교회 증축을 위해서 밑거름으로 사용하겠다고 말했다. 나는 1억의 건축헌금을 붙잡고 혼자 눈물을 흘렸다. 하나님이 환경을 통해 일하심을 확신했다. 그래서 코로나 시기임에도 불구하고 교회 드림센터 계획을 잡았다. 드림센터 공간들을 다음세대와 영혼 구원, 지역 섬김에 맞추려고 노력했다. 1층에는 지역과 교회 유아들을 위한 키즈랜드와 만나룸을 준비했다. 식당도 게스트 섬김을 위한 공간에 맞추었다. 게스트들을 위한 공연을 할 수 있도록 식당에 무대도 만들었다. 식당과 키즈랜드 사이에 큰 유리창을 두어서 부모님들이 식당에서도 아이들을 볼 수 있게 했다. 2층은 게스트를 위한 토크와 세미나가 될 수 있도록 토크룸을 준비하였다. 3층은 야외 가든과 소그룹 룸들을 준비하였다. 참으로 감사하게, 본당 리모델링도 할 수 있었다.

당시 코로나 팬데믹 상황이었다. 그래서 교회에 성도들이 많이 올 수가 없었다. 그래서 드림센터 건축과 본당 리모델링에 집중할 수 있었다. 나는 마치 제자훈련을 준비하듯이 드림센터 건축과 본당 리모델링을 하였다. 의자 하나부터 디자인 하나까지 모두 일일이 찾아보고 관심을 가졌다. 또한 발품을 많이 팔아 비용을 아끼려고 했다. 감사한 것은 성도들의 헌신이 너무 컸다. 너 나 할 것 없이 같은 마음으로 이 일에 동참해주었다. 문짝 하나부터 시작하여 장판, 벽지까지 성도들의 헌신이 있었다. 악기 하나부터 마이크, 의자들까지 성도들의 섬김이 있었다. 교회 곳곳이 성도들의 헌물로 채워졌다. 본당에는 어린이 실내놀이터와 청소년 쉼터도 만들 수 있었다. 그리고 송전교회 역사관도 예쁘게 단장했다.

이 모든 공간을 송전교회 성도만을 위한 공간으로 만들지 않았다. 지역 주민과 다음세대를 섬기기 위해서 만들었다. 물론 송전교회 공간은 대형교회의 공간과 시설을 따라갈 수 없다. 하지만 리모델링을 통해 지역과 다음세대를 섬기기 위한 공간으로 만들어 냈다. 그래서 주위 교회들이 교회 건물을 탐방하기도 한다. 아무쪼록 우리 교회가 지역사회와 함께 더욱더 건강하게 성장하길 소망한다.

100년이 넘은 교회,
빠르게보다 바르게로

비전이 생명,
열정이 사명이다

젊은 목사,
시골에서 사역하다

    나는 강원도 동해시에서 태어났다. 모태신앙이었다. 모태신 앙들이 그렇듯 못 하는 신앙, 못된 신앙이 있었다. 예배를 우습게 여겼다. 주일날 예배를 드리지 않고 학교에 공부하러 갔다. 담임목 사님 축도 전에 미리 나가버렸다. 부모님 마음을 많이 아프게 했 다. 부모님은 새벽마다 기도하셨다.

    "주의 길을 가게 하소서. 하나님이 쓰는 종이 되게 하소서."

    지금 생각해보면 부모님은 나에게 중요한 유산을 물려주셨다. 그것은 '기도의 유산'이다. 부모님이 기도하던 모습이 지금도 눈 에 선하다. 무엇보다 근면하셨다. 일을 하든지 섬기든지 꾸준하게

하셨다. 부모가 자녀에게 물려줄 유산은 신앙유산과 정신유산임을
다시 한번 새겨본다.

부모님의 기도의 응답으로 스무 살에 신학대학(ACTS)에 들어
갔다. 97년에 총신대학교 신학대학원에 들어갔다. 2학년까지 공부
하고는 큰 병에 걸려 휴학했다. 당시 경제적으로도 너무 힘들었을
때였다. 자장면 한 그릇 먹고 싶은데 돈이 없어서 먹지 못했던 기
억도 있다. 하루하루가 견딜 수 없는 육체의 고통이 있었다. 경제
적인 어려움도 있었다. 매일 밤 육체적 고통으로 울부짖었다. 하나
님께 호소했다.

"하나님, 저를 살려주세요. 너무 아픕니다. 너무 답답합니다. 저
를 살려주세요. 너무나 설교를 하고 싶어요. 찬양하고 싶어요."

2년이란 기간은 나를 영적으로 단단하게 만들었다. 몸도 치유
되는 시간이 되었다. 나는 3학년으로 복학하고 졸업하였다. 그 후
사역지로 인도받은 교회가 경기도 이동읍 송전교회이다. 송전교회
에서 담임목사로 사역할 수 있었다. 그때 나이가 서른네 살이었다.
목회 경험도 없었다. 성도들도 내가 너무 젊으니까 상담이 어려웠
다고 하였다. 그래서 하나님께 이렇게 기도한 적이 있다.

"하나님, 제발 빨리 늙게 해주세요. 그래서 성도들이랑 상담할
수 있게 해주세요."

당시에는 참으로 절박한 기도였다.

송전은 용인에서 낙후된 지역 중 한 곳이다. 오산과 안성 길목에 있다. 번화가도 아니고, 개발되는 곳도 아니다. 시골 지역에 가깝다. 역사도 아주 오래되었다. 전도부인과 몇 가정이 시작한 교회이다. 역사가 112년이 되어가고 있다. 하지만 노회장이 나온 적이 없고, 원로목사도 없다. 10년 이상 있는 교역자가 없었다. 교회 성장학적으로 보면 부흥할 조건이 거의 없다. 부임 초기 각종 사건이 많았다. 정말 감당하기 힘들었다. 그때 정말 이대로 죽고 싶은 마음마저 들었다. 어느 날은 눈을 뜨고 싶지 않을 때도 있었다. 그때 겪었던 일은 이루 말할 수가 없다.

당시 선배 목사님의 이야기가 생각났다.

"목회자가 강단을 눈물의 기도로 채우면 교회가 살아난다."

나는 부임 초기부터 새벽 2시에 나와서 기도하기 시작했다. 하나님께 절절히 눈물로 기도했다.

"하나님, 저는 목회 경험이 없습니다. 환경도 열악합니다. 교회가 부흥할 조건이 많지 않습니다. 계속 상황이 좋지 않습니다. 주님만이 저의 도움입니다. 주님이 없으면 단 하루도 살 수가 없습니다. 저는 잘하는 것도 없습니다. 하지만 단 한 가지만은 결심합니다. 오늘 하루를 내 인생의 마지막으로 여기고 살겠습니다. 오늘 하루, 주님을 위해서 최선을 다해 살겠습니다. 오늘 내가 죽어 주님을 만났을 때 주님 앞에서 부끄럽지 않게 살다가 가겠습니다."

이때 내 인생의 좌우명이 생겼다.

"하루를 마지막같이 살아가자."

독일 루터교회 목사이자 신학자이며, 반 나치운동가인 디트리히 본회퍼 목사는 말한다.

"목회 성공의 참된 척도는 주 예수 그리스도의 뜻에 단순히 순종하는 것이다. 결과를 개의치 않고 단순히 순종하는 것이다."

목회자들의 목회 성공은 자기가 받은 소명에 순종하는 것이다. 나 역시도 결과가 아니라 하나님의 부르심 앞에 순종하길 소망한다. 이 마음으로 지금까지 하루하루를 살아왔다. 목회를 해왔다. 그렇게 벌써 18년이 되었다. 18년이 하루같이 지나간 것 같다.

어렵게 깨달은
하나님의 꿈

나는 목회에 있어서 제자훈련이 중요함을 알고 있었다. 그래서 제자훈련을 위해 많은 책을 읽었다. 제자훈련의 목적을 '제자를 세워 교회 일꾼을 만드는 것'으로 했다. 하지만 한계가 왔다. 훈련받아도 인생의 목적을 모르는 사람들이 나왔다. 변화가 일어나지 않는 성도들이 있었다. 셀 교회의 중요성을 모르는 리더들이 나왔다. 제자훈련은 계속되었지만 허전함이 있었다. 그래도 제자훈련을 반복하고 꾸준히 노력했다. 그러던 어느 날, 제자훈련을 세팅해가면서 하나님의 꿈을 발견했다. 책을 읽고 성경을 보면서 하나님의 비전을 보게 되었다. 하나님이 우리를 이 땅에 보내신 목적이 있음을 알게 되었다.

나는 빌 게이츠의 말에 공감한다.

"윈도즈는 운 덕분에 만들어진 것이 아니다. 목적을 가지고 반복적으로 꾸준히 노력할 때 만들어진 것이다."

건강한 교회를 세우려고 제자훈련을 반복하고 꾸준히 노력했다. 제자훈련의 한계가 와도 지속해서 훈련했다. 만약 중간에 제자훈련을 포기했다면 하나님의 꿈을 발견하지 못했을 것이다. 하나님은 나에게 제자훈련의 정수를 깨닫게 하셨다.

하나님의 꿈은 한 영혼을 구원하여 제자 삼아 번식하는 것이다. 우리의 사명은 한 영혼을 구원하는 것이다. 그 사람으로 제자 삼아 예배자로 세우는 것이다. 셀 리더로 세우는 것이다. 재생산 리더로 세우는 것이다. 이것을 요약해 놓은 것이 마태복음 28장 19~20절이다.

"그러므로 너희는 가서 모든 민족을 제자로 삼아 아버지와 아들과 성령의 이름으로 세례를 베풀고 내가 너희에게 분부한 모든

것을 가르쳐 지키게 하라. 볼지어다. 내가 세상 끝날까지 너희
와 항상 함께 있으리라 하시니라."

"우리는 그가 만드신 바라. 그리스도 예수 안에서 선한 일을 위
하여 지으심을 받은 자니 이 일은 하나님이 전에 예비하사 우리
로 그 가운데서 행하게 하려 하심이니라"(엡 2:10).

이 구절을 「비저니어링」의 저자 앤디 스텐리는 이렇게 말한다.
"우리가 하나님의 목적을 발견하기까지, 그리고 그 목적을 이
루기까지 우리 영혼은 언제나 구멍 난 상태로 있을 것이다. 우리는
그분이 만드셨다. 그것이 무슨 뜻인지 아는가? 우리는 하나님이
품으신 비전의 산물이라는 것이다. 우리가 무엇을 할 수 있고 무엇
을 해야 하는지는 하나님이 정하셨다. 그 비전은 예수님을 통해 주
셨고 계속 주고 계시며 하나님이 그려 놓으셨다. 하나님은 우리 삶
에 대한 비전을 갖고 계신다. 목적을 갖고 계신다. 그 목적대로 사
는 것이 하나님을 영화롭게 하는 삶이다."
그 후 성경을 읽으면서 하나님의 꿈에 관련된 구절을 찾았다.
그 구절들을 중심으로 제자훈련 교재를 다시 세팅했다. 제자훈련
교재는 4단계로 되어 있다. 셀 교회를 세우고 하나님의 꿈을 이루
는 과정이다. 그때부터 제자훈련을 통해 하나님의 꿈을 발견해야

함을 알려주기 시작했다. 그 꿈으로 사는 것이 인생의 참된 행복임을 강조했다. 제자훈련을 통해 인생의 목적을 보여주었다. 인생을 살아가는 목적이 돈이 아니라 하나님의 꿈임을 알려주었다. 그러자 훈련생들의 태도가 바뀌기 시작했다. 하나님의 꿈을 위해서 생명을 던지기 시작했다. 이 꿈을 위해서 나와 함께 평생을 달려가는 사람들이 나오기 시작했다. 당연히 셀과 교회 분위기가 완전히 바뀌었다. 역동적인 교회가 되었고, 젊은 교회가 되었다.

목사도 사람이다

설교의 황태자 찰스 스펄전 목사는 다양한 고난을 겪었다. 스펄전의 고난은 그가 우울증을 앓게 했다. 그는 마음의 병으로 인해 메트로폴리탄 태버너클 교회에서 22년의 사역 기간 중 약 3분의 1에 해당하는 동안 설교를 할 수 없었다. 1년에 두세 달은 강단을 비워야 할 정도로 우울증이 심했다.

이와 관련해서 스펄전은 그의 책 「목회자 후보생들에게」에서 다음과 같이 말했다.

"아무리 탁월하게 쓰임받는 목사들일지도 무서운 침체의 시기를 경험한다. 루터의 생애만 보아도 그런 경우는 수없이 나타난다.

그는 환희 순간에 올라갔다가 절망의 나락으로 떨어질 때가 많았다. 무엇보다 그들은 사람이었다. 사람이므로 연약함이 있고, 슬픔을 당한 것이다."

이런 것을 보면 위대한 설교자도 사람임을 알 수 있다.

부임 초기, 교회가 이런저런 일들로 시끄러웠다. 일일이 다 말할 수 없는 일이 참 많았다. 정말 산전수전 공중전 초전 박살이 났다. 교회 안에서 문제가 끊이지 않고 일어났다. 어떤 사람은 전화해서 말했다.

"바보입니까? 왜 교회 문제를 해결하지 않고 가만있습니까? 기도만 하고 있습니까? 전도만 하고 있습니까?"

나는 교회 문제가 생길 때 어떤 반응도 하지 않았다. 하지만 도저히 잠을 잘수가 없었다. 밤이든 낮이든 교회에 나갔다. 교회 강단에서 울면서 기도했다. 하나님 앞에 무릎 꿇고 더 많이 기도했다. 그 본질 사역에만 집중했다. 그러니 내가 바보로 보였을 것이다.

당시 일 년에 한 번 가는 휴가도 두려웠다. 왜냐하면 휴가 동안에 교회에 무슨 일이 일어날지 모른다는 불안감이 있었다. 휴가 가서도 온전히 쉬지 못했다. 휴가 이후 돌아올 때 송전교회 건물이 보이면 불안해서 가슴이 뛰기 시작했다. 성도들은 내가 열정적으로 사역하니까 몹시 강한 사람으로 알고 있다. 그러나 목사도 사람이다. 물론 하나님이 보낸 사람이지만 목사도 나약한 사람이다. 그런데도 나는 계속해서 전도와 제자훈련을 붙잡고 나아갔다. 정말 제자훈련을 열심히 했다. 훈련받고 변화되는 성도도 많았다. 하지만 훈련받은 성도들이 속을 썩이는 일도 있었다. 우울증이 왔다. 탈진할 정도로 힘겨웠다. 그럴 때일수록 기도와 많은 책이 나를 일으켰다. 비전이 생명이 되었다. 다음 말을 마음에 새기고 새겼다.

"바른 교회를 세우자. 숫자의 올무에 얽매이지 말자. 숫자적 성장에 매이면 본질을 잃는다. 영혼 구원과 제자훈련을 붙잡고 빠르게보다는 바르게 교회를 세워가자. 교회가 살아나는 길은 빠르게 성장하는 것이 아니라 바르게 성장하는 것이다. 주님의 나라를 위해서 바른 교회를 세우기 위해서 하루하루를 마지막같이 살자."

목사를 힘들고 지치게 하는 일이 무엇일까? 나는 훈련받는 성도들에게 이런 말을 가끔 한다.

"나는 제자훈련 하는 것이 너무 행복합니다. 설교 한 시간 할 때보다 제자훈련 2시간이 힘이 납니다. 제자훈련을 다섯 클래스를 하든 일곱 클래스를 하던 나에게는 문제가 되지 않습니다. 제자훈련은 나에게 휴식과도 같습니다. 하지만 나를 지치게 하는 것은 훈련생들이 바르게 하지 않을 때입니다. 그것이 나를 힘들게 합니다."

목사도 사람이다. 나약하다. 그래서 하나님을 의지할 수밖에 없다. 그래서 하나님의 은혜가 필요하다. 그 은혜가 지금까지 나를 붙들어주었다.

부족하면
열심히라도

나는 담임목사로 부임한 이후 부족함을 많이 느꼈다. 실제로 목회 경험도 그렇고, 실력도 그렇고, 능력도 부족했다. 약점투성이었다. 앞으로의 목회에 대해서 눈앞에 캄캄했다. 하지만 마음속에 이런 생각을 했다.

'실력이 부족하면 열심히라도 하자.'

부임 당시 한 장로님이 식사 중에 나에게 말했다.

"처음 가졌던 그 마음이 은퇴할 때까지 식지 않았으면 좋겠습니다."

그때 이후 초심은 나의 기도 제목이 되었다.

"하나님, 나의 열정이 식지 않게 하여주소서. 모든 것이 부족하지만 열심만큼은 식지 않게 하소서. 약점투성이지만 영혼에 대한 열정, 비전에 대한 열정만큼은 하루하루 타오르게 하소서."

나는 설교든 훈련이든 최선을 다하여 준비하려고 다짐했다. 가능하면 저녁에는 스케줄을 잡지 않았다. 8~9시 정도 되면 잠을 자려고 했다. 밤 11시 30분에 알람을 설정하고 있다. 일찍 자고 일찍 교회에 나온다. 교회에 나오면 먼저 성경을 읽는다. 그리고 설교 준비를 한다.

비전이 생명, 열정이 사명이다

한 편의 설교를 준비하기 위해서 적어도 한 달 전부터 묵상한다. 설교 구조를 만든다. 관련 책을 미리 읽는다. 해당 설교 한 주 전에 그 주 설교문을 입력해 놓는다. 내가 할 수 있는 최선을 다해 설교를 준비한다. 마지막 한 주 동안 그 설교문을 묵상하며 말씀 준비를 한다. 부임하고 지금까지 아침에 집에 가서 식사한 적이 없다. 교회에서 기도하고 책을 보고 말씀을 준비하며 하루를 시작하였다. 가능하면 일주일에 세 권 이상의 책을 보려고 하고 있다. 책을 읽고 에버노트에 주제별로 다 정리하고 있다. 성경도 매일 읽고 묵상하려고 하고 있다. 성경을 읽고 묵상한 내용을 주제별, 책별로 정리하고 있다.

「설교자의 일생」의 저자 임종구 목사는 말한다.

"목회자에게는 삼방이 있어야 한다. 책방은 독서이고 골방은 기도와 묵상이다. 심방은 성도들 면담을 통해 성도의 상황을 아는 것이다."

종교개혁가 칼빈도 말한다.

"교회와 목사의 타락을 막는 길은 목사들이 죽을 때까지 공부하는 수밖에 없다."

나는 많은 부분에서 부족함을 느낀다. 그래서 죽을 때까지 열심히 공부하려고 한다. 부족하면 열심히라도 할 것이다.

나는 강단에 설 때 물을 많이 마신다. 울부짖듯이 설교한다. 땀

이 비 오듯 흐른다. 왜냐하면 강단에 설 때마다 리처드 백스터의 고백을 마음에 품고 서기 때문이다.

"죽어가는 사람이 죽어가는 사람처럼 말씀을 전하겠습니다. 이 설교는 오늘 내가 해야 할 마지막 유언입니다. 그렇다면 성도들에게 지금 내가 하는 설교는 마지막 설교입니다. 성도들을 사랑하는 마음으로 열정 다해 설교하겠습니다."

어떨 때는 도저히 설교할 힘이 없을 때도 있다. 설교가 부담될 때도 있다. 성도들 앞에 서는 일이 부담이 될 때도 있다. 그럴 때마다 리처드 백스터의 말을 마음에 새긴다. 그러면 다시 설교할 힘이 생긴다. 부족하면 열심히라도 한다는 마음으로 여기까지 왔다. 하나님의 도우심이었다.

신앙에는 대박이 없다

제자 삼는 일에
목숨 건 담임목사

　　제자훈련은 예수님의 본질 사역이다. 예수님이 말씀하신 지상 대명령(마 28:19-20)을 보면 네 가지 동사가 나온다. "가라. 세례를 베풀라. 제자 삼으라. 가르치라." 원문을 보면 네 가지 동사 중 명령형은 "제자 삼으라" 하나이고 나머지는 분사이다. 전도하고 세례 주고 가르쳐 지키게 하라는 목적이 모두 제자 삼기 위해서다. 그러므로 제자 삼는 일은 예수님 사역의 핵심이다.

　　베스트셀러 「레디컬」의 저자인 데이빗 플랫 목사는 말한다.

　　"예수님은 제자들을 위해서 공생애를 사셨다 해도 지나치지 않는다. 이 땅에 계시는 동안 다른 이들에게 쏟았던 시간을 다 합쳐도 열두 제자에게 할애하신 분량에 미치지 못할 것이다. 생각할수록 놀라운 일이다. 그 뒤에 예수님은 '자, 이제 가서 다른 이들에게 똑같이 해주어라'고 말씀하셨다. 제자 삼기, 그것은 그리스도의 대전략이었다."

제자 삼는 일은 목회의 핵심이다. 그래서 목회의 가장 우선순위를 제자훈련에 두고 있다. 제자훈련에 목숨을 걸고 있다. 다른 어떤 일정이 있어도 제자훈련을 미루는 일은 없다.

이런 일도 있었다. 토요일에는 오전에 제자훈련이 있고, 오후 3시경에도 있다. 그런데 중간에 결혼식 주례가 있는 때도 있다. 일반적으로 이런 경우 제자훈련을 미룬다. 하지만 나는 오전 제자훈련을 하고 수원으로 가서 주례하고 바로 교회로 와서 제자훈련을 했다. 정말 살인 스케줄이다. 이렇게까지 하는 이유는 제자훈련이 목회의 가장 우선순위이기 때문이다. 훈련생들과 성도들에게 담임목사가 제자훈련을 얼마나 중요하게 여기는지를 보여주기 위해서다.

제자훈련 목회는 참으로 해산의 수고이다. 한 명의 훈련생이 수료하기까지 1년 넘게 걸린다. 어떨 때는 이런 마음마저 든다. 예수 믿으면 바로 제자로 나왔으면 좋겠다. 하지만 바울이 했던 말을 기억한다.

"나의 자녀들아 너희 속에 그리스도의 형상을 이루기까지 다시 너희를 위하여 해산하는 수고를 하노니"(갈 4:19).

이어서 데이빗 플랫 목사는 계속 말한다.

"주님은 우직하게, 의도적이고 조직적으로 끈질기게 단 열두 명만을 붙들고 늘어지셨다. 이것을 보면서 나는 커다란 충격을 받았다. 제자가 대량 생산되는 것이 아니라는 사실을 끊임없이 일깨우고 계시기 때문이다. 예수님의 제자는 하루아침에 만들어지지 않는다. 제자 삼는 일은 쉬운 일이 아니다. 어찌 보면 골치 아프고 힘들다. 느리고 지루하며 경우에 따라서는 고통스럽기까지 하다. 그러나 예수님은 제자를 세우는 일을 느리고 의지적이고 단순한 과정으로 설계하셨다."

신앙에는 대박이 없다. 한순간에 세워지는 신앙은 없다. 신앙은 간단하게 주어지지 않는다. 빠름이 아니라 바름으로 가는 길이 더딘 것 같아도 사는 길이다. 어떨 때는 제자훈련이 너무 힘들어서 녹초가 될 때가 있다. 동료 목사님 중 한 분이 이렇게 말한다.

"나는 권 목사가 부러워! 훈련할 수 있는 성도들이 있고, 훈련하여 변화되는 성도들이 있잖아."

그 말을 들을 때 내가 행복한 목사라는 생각이 들었다.

지금껏 제자훈련을 하면서 느끼는 것이 있다. 성도들의 변화는 확실히 소그룹에서 일어나고, 훈련에서 일어난다는 것이다. 우울증에 걸렸다가 제자훈련을 통해 인생의 목적을 찾은 분도 있다. 복음을 듣고 어머니와 함께 송전으로 이사 온 분도 있다. 그래서 예비 리더와 전도팀원으로 쓰임받고 있다. 교회에 나오지 않던 남편이 복음을 듣고 변화되었다. 그리고 제자훈련에 들어와 섬기는 자들이 되고 있다.

나는 지금도 하나님께 기도하고 있다.

"성도 수 자랑하는 교회가 아니라 세례를 많이 주는 교회가 되게 하소서. 한 해 세례 100명 이상 주는 교회가 되게 하소서. 한해 확신반 제자훈련 100명 이상 받는 교회가 되게 하소서. 주님을 위해서 녹슬어 없어지는 것이 아니라 닳아서 없어지게 하소서."

그래서 우리 교회는 성도 수를 세지 않는다. 대신 세례를 몇 명 주는지를 강조하고 있다. 제자훈련을 몇 명 받았는지 세고 있다. 코로나 전에 세례받는 숫자가 한 해 60~80여 명까지 이를 때도 있었다. 제자훈련 2단계 확신반 역시 60~70여 명 이상 받을 때도 있었다. 지금 코로나가 유행한 이후에도 확신반은 한 해 50여 명이 받고 있다.

신앙에는 대박이 없다

셀 리더와 예비 리더들이
양육을 함께하다

꿈의교회 담임인 안희묵 목사는 말한다.

"하나님은 한 사람이 열 사람을 구원하는 것이 아니라 한 사람을 구원할 수 있는 열 사람을 훈련시켜서 세우라고 하셨다."

이성희 박사도 미래교회 목회과제에서 전한다.

"평신도가 가르치는 일과 봉사하는 일에 참여할 수 있도록 도와주는 것이 목회자의 필수 과제이다. 이제 한국교회는 평신도 사역의 극대화로 전환시켜야 한다."

많은 교회가 전도한다. 하지만 전도하고 등록시키면 그때부터는 목회자에게 책임을 맡기고 뒷짐 진다. 전도자들은 이렇게 말한다.

"내가 고생해서 전도했으니 이제 목사님이 알아서 해주세요."

그러다 보니 대부분의 성도가 그저 예수 믿어 천국행 티켓만 받아 놓고 산다. 거기서 끝이다. 그들은 예수님이 하신 마지막 명령 "가서 제자 삼으라"에 대해서는 침묵한다.

교회를 들여다보면 몇 명의 소수만 헌신자가 되어 있다. 대부분의 성도는 구경만 한다. 이것을 뱃놀이 목회라고 한다. 교역자와 성도 몇 명만 열심히 노를 젓고 있다. 그러나 주님은 모든 성도가

사역자가 되길 원하신다. 조정 목회이다. 모든 성도가 노를 저어야
한다. 건강한 교회는 구경꾼만 가득한 교회가 아니라 사역자가 가
득한 교회이다.

송전교회 양육훈련은 전도했으면 그 영혼을 함께 양육하고 훈
련받게 하고 있다. 이것은 송전교회 양육훈련의 독특한 문화이다.
셀에 제자훈련 대상이 있으면 셀 리더가 같이 들어와서 훈련받는
다. 전도받은 사람이 있으면 예비 리더, 핵심 셀원이 같이 들어와
서 훈련받는다. 내가 제자훈련를 이렇게 하는 이유가 있다.

첫째, 셀 리더가 셀원들을 양육하게 하기 위해서다.

처음에 훈련할 때는 훈련생들만 들어오게 했다. 그랬더니 셀
리더가 셀원을 돌보지 않았다. 그래서 기도하고 고민하면서 셀 리
더들이 함께 훈련받게 하였다. 같이 훈련반에 들어오면서 훈련생
들을 옆에서 양육할 수 있게 되었다.

둘째, 셀 리더를 제자훈련 훈련자로 세우기 위해서다.

셀 리더나 예비 리더들이 제자훈련 코스에 들어오면 훈련 강의
를 여러 번 듣게 된다. 그러면서 이들은 점차 제자훈련 훈련자로
세워지게 된다. 점차 셀 리더들과 제자훈련 사역을 동역할 것이다.

셋째, 셀 리더와 예비 리더들이 재충전된다.

송전교회에서 셀 리더나 예비 리더가 되려면 제자훈련 전 과정을 수료해야 한다. 수료할 때는 모두 비전에 불탄다. 하지만 시간이 흐르면서 열정이 약해질 수 있다. 그러나 셀 리더와 예비 리더가 양육자로 훈련 코스에 들어오면 이 부분을 해결해준다. 같은 강의 내용이라도 성령의 역사가 매번 달랐다. 셀 리더와 예비 리더들이 강의를 다시 들으면서 재충전되는 경우를 많이 본다.

처음에는 셀 리더들이 여러 번 제자훈련 코스에 들어오는 것을 부담스러워하기도 했다. 하지만 자신이 전도한 영혼이 변화되는 것을 보면서 기쁘게 여기기 시작했다. 게스트나 셀원들이 예수님의 제자로 세워지는 모습을 보는 일이 행복한 일이기 때문이다.

송전교회 셀 리더 중에는 현재까지 훈련 코스에 열 번 이상 들어온 분들도 있다. 일주일에 다섯 번의 제자훈련이 진행되는 동안 2개 반 이상에 들어오는 분들도 있다. 토요일 같은 경우 오전반에 기도학교에 들어오고, 오후에는 제자학교에 들어오기도 한다. 남는 시간에는 교회 청소나 교회 수리 등을 한다.

셀 리더들은 나의 귀중한 동역자들이다. 이분들은 때로는 이해가 안 되어도 묵묵히 순종하신다. 셀원들을 위해서 시간을 내고 헌신하신다. 이분들의 헌신을 보면 주의 종으로서 깊은 감동을 받는다. 목회자들도 이렇게 하기 어렵다. 참으로 보석 같은 분들이다. 내가 노는 것을 잘하지 못해서 셀 리더들에게도 혜택을 제공하지 못하고 있다. 그래서 이번 가을, 셀 리더들이 영화를 보도록 했다. 영화관을 대관하여 셀 리더들에게 영화와 간식을 제공했다. 셀 리더들이 너무도 행복해했다. 때로는 여행, 영화 관람 등이 셀 리더들에게 큰 격려가 된다는 것을 알게 되었다.

교회 모든 시스템은
전도와 양육으로 움직인다

　　지도자 개발원의 책임자이며 교회성장 학자인 해럴드 웨스팅 박사는 말한다.

　　"종종 교회가 어려움에 빠지는 경우가 있다. 그 이유는 교회가 가장 소중하게 붙들어야 할 가치가 어떤 것인지 명확히 규정해 놓지 않았기 때문이다."

　　이 가치가 핵심가치이다. 그래서 21세기 목회연구소 김두현 소장은 말한다.

　　"교회 핵심가치는 다림줄과 같다. 건축자가 정확하게 건축할 수 있도록 기준을 설정해주는 것과 같다. 목사나 성도가 교회의 방향과 비전과 목회 우선순위를 정하는 데 토대가 되는 것이 핵심가치이다. 현재 한국교회의 위기는 교회의 핵심가치에 의하여 교회를 세우지 않아서 온 것이다."

부임 초창기, 추수감사절이 끝나면 다음 해 목회계획을 위해서 기도원에 갔다. 가을이면 연례행사같이 되어 있었다. 내년에는 어떤 새로운 행사를 할까? 어떤 프로그램을 할까? 새해 목회계획을 준비하는 일은 매년 부담이 되었다.

어떤 교회는 목사님이 세미나에 가는 것을 부담스러워한다고 한다. 목사님이 세미나만 갔다 오면 교회에 적용하려고 하기 때문이다. 어떨 때는 고구마 전도, 어떨 때는 사과 전도 등으로 시스템을 바꾼다. 그러니 매번 성도들만 힘들었다. 그래서 성도들은 이렇게 기도한다고 한다.

"목사님이 세미나를 가지 않게 해주세요. 목사님이 세미나를 가더라도 교회 흐름을 바꾸지 않게 해주세요."

충분히 공감 가는 이야기이다. 그래서 송전교회 핵심 가치를 세웠다. 핵심 가치는 교회 모든 사역의 기준을 뜻한다. 송전교회 핵심 가치는 영혼 구원, 다음세대, 셀 번식을 통한 사역 확장이다. 이 세 가지를 중심으로 일 년 목회계획을 결정했다. 그러고 나니까 일 년 목회계획을 세우는 일이 쉬워졌다. 영혼 구원 사역을 위해서 집중 열린 모임과 해피코스를 봄가을에 두 번 진행했다. 제자훈련

역시 봄가을로 세팅할 수 있었다. 다음세대 사역을 위해서 어린이 꿈 축제, 어린이 수영장, 공연 등을 계획할 수 있었다. 성지순례, 베프 페스티벌, 섬머캠프를 진행했다. 셀을 통한 사역 확장을 위해서 경로잔치, 노인대학을 계획했다. 영화 상영, 각종 사역 등을 진행했다.

나는 성도들에게도 이렇게 말한다.

"셀이든 팀이든 교육부이든 교회 모든 사역은 이 세 가지 핵심 가치 안에서 계획해주세요. 등산이나 족구를 하더라도 야유회를 가더라도 영혼 구원에 맞춰주세요."

핵심 가치를 정하고 나서부터 일 년 목회계획을 위해서 따로 기도원에 가지 않는다. 잠깐 쉼을 위해서 기도원에 가기는 하지만 따로 시간을 내서 가지는 않는다. 송전교회의 모든 시스템이 전도와 양육을 중심으로 움직이고 있다.

원칙 중심의 리더십이
목회 핵심이다

「원칙 중심의 리더십」의 저자 스티븐 코비 박사는 이렇게 말한다.

"원칙 중심의 삶이야말로 혼돈과 변화의 격렬한 물살 속에서 흔들리는 우리에게 삶을 제대로 세울 수 있는 가장 안정적이고 움직이지 않고 흔들리지 않는 기초가 되어줍니다."

나는 원칙 중심의 리더십에 대해서 잘 몰랐기에 교회 사역이나 제자훈련, 팀 사역 등 모든 사역을 원칙 없이 진행했다. 그러니 각종 모임에 결석도 많았다. 수양회 결석, 전도팀 결석도 있었다. 지각도 잦았다. 한번은 전도팀 수양회가 있었다. 전도팀원 전체가 참여해야 했다. 그런데 이런 이유 저런 이유를 대면서 너무도 당연히 빠지는 일이 많았다. 전도팀뿐만 아니었다. 찬양팀이나 다른 팀도 마찬가지였다. 빠진 이유를 물으면 시험까지 들었다. 시험 든 성도들을 돌보는 일도 힘에 부쳤다. 그래서 교회 모든 사역에 원칙을 세웠다.

다음은 사역팀 원칙이다.

① 사역부는 교회의 비전인 영혼을 구원하여 제자 삼아 번식하는 것을 목적으로 사역한다.

② 사역부는 담임목사님의 지도와 사역부의 지침에 따라 사역한다.

③ 사역부는 담임목사님의 비전에 같은 마음, 같은 뜻, 같은 생각으로 믿음과 순종을 가지고 협력한다. 사역부 세미나에 반드시

참석해야 한다. 무단으로 빠질 시에는 사역하지 않는 것으로 받아들인다. 기회를 주었음에도 비전 공유가 안 되고 순종이 안 되면 사역하지 않는 것으로 받아들인다.

④ 사역부는 모든 사역 이전에 기도와 예배로 준비한다. 봉사만 하고 예배를 드리지 않는 경우는 단 한 번이라도 사역하지 않는 것으로 받아들인다.

⑤ 사역부는 성령의 하나 되게 하심을 따라 사역하되 덕스럽지 못한 잡담은 하지 않는다. 덕스럽지 못한 잡담을 하는 경우 1차 권면을 주고, 그래도 안 될 시에는 사역하지 않는 것으로 받아들인다. 분쟁, 다툼, 변론, 시기, 질투 등으로 갈등이 생겼을 시 사역을 내려놓고, 영적 재무장의 시기를 갖는다.

⑥ 사역부는 무단으로 3회 이상 빠지면 안 되며, 그럴 시에는 사역하지 않는 것으로 받아들일 것이고, 부득이한 경우에도 연 5회 이상, 연속으로 4회 이상 빠지는 경우는 사역이 어려운 것으로 받아들인다(단, 사역의 의지가 있고, 비전 공유와 순종이 있을 시에는 6개월 후 면담하고, 다시 사역 기회가 제공될 수도 있다).

※ 빠질 시에는 반드시 담임목사님에게 보고하는 것이 원칙이다. 말없이 빠지면 사역하지 않는 것으로 받아들인다.

제자훈련도 원칙을 세워 진행했다.

① 과제물(암송, 독서과제, 생활과제)을 세 번 이상 철저히 해 오지 않으면 수료가 되지 않습니다. 과제물을 하는 것이 순종의 훈련입니다.

② 큐티를 생활화하고, 새벽기도회는 주 1회 이상 하고, 삶 속에서 주님을 닮고자 노력해야 합니다.

③ 결석 1회면 수료 못합니다(미리 보고해주면 양해됩니다).

④ 지각 1회면 수료 못합니다. 숙제는 1회 이상 안 해 오면 수료가 되지 않습니다. 중간에 청강하게 되어도 처음부터 다시 들어야 합니다.

⑤ 중간에 탈락하시는 분은 반드시 담임목사님과 면담해야 합니다.

담임목사님이 지정해주는 단계에서부터 해야 합니다.

실제로 원칙에 따라 제자훈련을 탈락하는 경우가 생겼다. 팀 사역에서 제외되기도 했다. 모든 사역팀에 원칙을 세우고 나서는 시험들 일이 없게 되었다. 성도들도 원칙을 이해하고 원칙에 따라 순종하게 되었다. 물론 원칙 중심으로 가면 성도들이 부담을 느낀다. 하지만 부담 없이 되는 것이 뭐가 있는가? 학생에게 학교 가는 것은 부담이다. 공부와 숙제, 시험의 부담이 있다. 직장인, 경영인에게는 일터가 부담이다. 아이를 낳은 엄마에게 육아는 부담이다.

「하나님의 방법은 사람」의 저자 박인화 목사는 말한다.

"부담이 배제된 제자훈련은 존재하지 않는다. 부담을 피하면 예수 믿고 구원받는 신자는 될지 몰라도 예수님이 원하는 제자는 될 수 없다. 제자는 부담을 지불하고 감당하는 사람이다. 부담을 외면하는 이유는 우리가 너무 편하게 예수님을 믿으려고 하기 때문이다. 더 많이 받고 얻고 가지겠다는 소비자형 신자의 증가는 오늘날 교회의 심각한 위기이다."

물론 교회의 원칙을 세우면 거룩한 부담이 생긴다. 하지만 송전교회에 원칙을 세우면서 달라진 점이 있다.

첫째, 모든 사역과 훈련에 지각이 없다.

둘째, 결석을 거의 하지 않는다.

셋째, 시험에 들지 않는다.

넷째, 성도들이 주님의 군사로 세워진다.

다섯째, 비전 공유가 잘 된다.

원칙 중심의 사역은 송전교회를 더욱 견고하게 세웠다.

100년 전통교회,
셀 교회로 변화되다

전통교회의
한계를 극복하기

교회성장학자 톰 레이너 목사는 그의 저서 「죽은 교회를 부검하다」에서 죽어 있는 14교회를 부검, 진단한 후 이렇게 말했다.

"부검에서 가장 많이 나타나는 사실은 죽은 교회들이 오랫동안 과거를 전성기로 여기면서 살아왔다는 것이다. 새신자들이 드물다. 오랫동안 냉담과 갈등이 자주 발생한다. 이런 교회는 냉담해 보이지만 한번 갈등이 일어나면 뜻밖에 매우 강하게 일어난다. 교회는 지역사회에 알려져 있지 않다. 동네 상점 점원에게 교회를 물어보라. 뜻밖에도 이런 교회의 존재를 아는 사람이 별로 없다. 목사들이 자주 교체된다. 좌절과 갈등이 목사들의 임기를 줄인다. 그 자신들의 교회만을 강조했다. 내부지향적으로 예산을 사용했다. 어느 순간부터 지상 대명령에 대한 순종이 사라졌다. 언제나 나 자신을 위한 성도들로 가득했다. 변화를 한사코 거부했다. 좀처럼 기도하지 않았다. 교회의 목적과 사명을 잃어버렸다. 전임 목사를 잊지 못한다."

송전교회 구역은 전통적 소그룹이었다. 믿음이 조금만 있으면 구역장, 인도자, 권찰을 세웠다. 훈련이나 기준 없이 세웠다. 그러니 구역장들이 사명감이 약했다. 믿음의 기복에 따라 구역 모임이 진행되지 않았다. 비전 공유와 순종도 안 되었다. 구역원이 속을 썩이거나 개인적인 문제가 있으면 구역장을 내려놓는 경우가 많았다.

부임 이후 교인들의 수평 이동이 있었다. 이들로 인해 특히 남성 성도들이 늘어났다. 이들을 구역으로 묶어주었다. 하지만 이들은 철저히 친교 중심으로 모였다. 그 안에 믿음과 영혼 구원이 없었다. 함께 모여 회식하고 노래방에 갔다. 술 먹는 일까지 있었다. 더욱 가슴 아픈 일이 있었다. 여자 집사들이 하는 말이었다.

"우리 남편, 구역모임 가서 노래방 가고 술 먹어도 괜찮다."

나는 이런 소리를 듣고 억장이 무너지는 줄 알았다.

여성 구역도 마찬가지였다. 수평 이동한 성도를 믿음이 있다고 구역장으로 세웠다. 그런데 담임목사를 험담하고 교회 비전대로 하지 않았다. 주일 말씀으로 구역 모임을 하라고 해도 자신이 QT(경건의 시간)한 말씀을 가지고 구역 모임을 진행했다. 여자 구역장 중에는 이런 말을 하는 사람도 있었다.

"목사님의 일을 돕는 일은 하나님의 일을 돕는 일이 아니다. 그러니 목사님을 섬길 필요가 없다."

톰 레이너 목사에 따르면 송전교회는 죽음의 징후가 보이고 있었다. 변화를 싫어했다. 복음전도에 순종하지 않았다. 우리들만의 교회였다. 친교중심이었다. 교회 예산을 지역 섬김을 위해서 전혀 사용하지 않았다. 교회 비전이 사라졌다. 그 중심에 구역이 있었다.

셀은 비전 공유하는 곳이다. 셀은 영혼을 구원하여 제자 삼아 번식하는 곳이다. 셀은 주일 말씀의 은혜를 나누고 적용하는 곳이다. 이 모든 일이 무너진 곳이 송전교회 구역이었다. 감사하게도 현재 송전교회 셀은 이 모든 상황을 극복하였다. 셀은 비전 공유의 장소가 되고 있다. 담임목사의 비전이 철저히 공유되고 순종하고 있다. 셀은 영혼을 구원하여 제자 삼아 번식하는 곳이 되고 있다. 주일 설교 말씀을 나누고 적용하는 곳이 되고 있다.

셀로 전환할 초창기에는 4W 교안을 셀 리더들이 작성하여 제출하도록 하였다. 그랬더니 제출하는 리더도 있고 그렇지 못한 리더도 있었다. 그래서 최근에는 셀 리더 모임 때 4W 교안을 갖고 오게 해서 담임목사와 함께 작성한다. 셀 리더 모임에서는 교구별로 주일 말씀의 은혜를 서로 나누게 하고 있다. 지금의 송전교회 셀의 모습은 완전히 전통교회의 한계를 극복한 모습이다.

대심방이 사라지니
목회의 여유가 생기다

　나는 목사 안수를 받고 바로 그다음 해에 송전교회에 부임했다. 당시 나이는 서른네 살이었다. 젊디젊은 목회자였다. 장로님은 아홉 분이나 되고 연세가 60세 이상인 어르신들이었다. 성도들은 나에게 상담하며 기도받는 일도 부담스러워했다. 한참 나이 어린 목회자가 담임목사라고 세워져 있는데 신앙 상담이 될까 하는 생각도 들었을 것이다. 내가 심방을 가도 부교역자라는 느낌이 많이 들었다. 지금 생각해보면 웃기기도 하고 서글프기도 한 시절이었다.
　송전교회는 오랜 전통이 있었다. 바로 대심방이다. 송구영신 예배 때 그해 약속의 말씀을 받는다. 그러면 그 말씀을 중심으로 교구별 심방을 했다. 담임목사, 사모, 그리고 부목사, 장로님 한 분, 권사님 세 분, 구역장이 동행했다. 성도들의 가정을 축복하고 돌아보는 귀한 시간이다. 그런데 이 심방은 1월에 시작하면 6월이 지나서야 끝났다. 장로님들이나 권사님들 모두 대심방에 매이게 되었다. 특히 담임목사인 내가 설교와 제자훈련 등을 할 여유가 전혀 없었다.

그러다가 2012년 송전교회는 셀로 전환했다. 셀 교회로의 변화가 대심방에도 큰 영향을 주었다. 셀 교회는 구경꾼 성도를 만들지 않는다. 소비형 성도들을 만들지 않는다. 교회는 유람선이 아니다. 군함이다. 유람선은 뱃삯을 내고 유람선의 시설을 이용하고 구경한다. 그러다가 마음에 안 들면 그 배에 타지 않으면 된다. 군함은 유람선이 아니다. 각자의 자리가 있다. 그 자리에서 충성한다. 마음에 안 들어도 끝까지 자신의 사명을 다한다. 모두가 사역자이다. 모두가 생산자이다.

교회는 군함이다. 각자의 자리가 있다. 교회가 마음에 안 들어도 그곳에서 충성을 다하고 훈련받는다. 목회자만 사역하는 게 아니다. 헌신 된 몇 명만 사역하는 게 아니다. 모든 성도가 사역자다. 셀 리더는 작은 목회자이다. 셀 리더가 평신도 목회자가 되어 셀원을 책임지고 심방한다. 셀원들을 상담한다. 매주 셀 리더들은 셀 보고서를 제출한다. 그 보고서만 잘 확인해도 성도들의 기도 제목과 상태를 파악할 수 있다. 상황에 따라 담임목사가 직접 심방하거나 전화하기도 한다. 셀 리더들이 목회 동역자가 되어 자신의 셀원들을 잘 양육할 수 있다. 송전교회 셀 리더들은 어머니 같다. 이분들을 생각하면 눈물이 난다.

정형외과 의사이자 「나는 둔감하게 살기로 했다」의 저자 와타나베 준이치는 말한다.

"어머니는 더러움에 둔감하다. 어린아이가 밥을 먹는 광경은 지저분하다. 정신이 쏙 빠질 것 같다. 아이가 먹다 흘린 음식도 더러워하지 않는다. 아이의 심한 투정도 성장하면서도 생기는 고집도 버릇없는 행동도 기꺼이 받아들인다. 자기 자식을 위해서라면 주위사람들의 시선도 견디어낸다. 어머니에게는 자기 자녀에 대해서는 둔감력이 있다. 아이를 낳아 보고 길러 본 경험이 있기 때문이다."

나는 송전교회 셀리더를 볼 때 둔감력을 본다. 어머니 같은 마음으로 셀원들을 섬긴다. 새가족들을 양육한다. 새가족이 오면 셀리더가 먼저 심방하고 교패를 붙인다. 이것을 '교패심방'이라고 한다. 셀 리더가 새가족 심방 요청을 할 때는 담임목사가 심방한다. 병원 심방 등도 진행한다. 하지만 그 외 교구 관련 심방은 교구 부목사들이 책임진다. 확실히 셀 교회로의 전환은 나에게 목회적 여유를 주었다. 제자훈련과 해피코스에 집중할 수 있게 되었다. 목회 연구와 지역 섬김 사역을 할 수 있게 되었다.

전통교회,
셀 교회로 이렇게 바뀌었다

송전교회에 부임하고 제일 먼저 했던 일이 있다. 바로 전문 전도팀을 만드는 일이다. 새가족공부를 수료한 사람을 중심으로 전도팀을 구성했다. 물론 지금은 새가족 공부가 아니라 제자훈련 과정 가운데 있는 전도학교를 수료해야 전도팀에 들어갈 수 있다. 당시 전도팀을 만드는 데 한계를 느꼈다. 그래서 21세기 목회 연구소에서 진행하는 팀전도학교에 성도들을 보냈다. 김두현 소장님의 탁월한 강의를 통해 전도팀들은 전도에 대한 불이 붙었다. 교회로 돌아온 전도팀은 송전교회 전도팀의 분위기를 만들었다. 그리고 초창기 송전교회 부흥을 이끌었다. 정말 많은 불신자를 전도했다.

신문과 방송에 알려지기 시작했다. 시골 교회, 역사가 오래된 교회가 전도팀 중심으로 부흥했기 때문이다. 하지만 점차 전도팀의 한계를 느끼고 있었다. 첫째, 전도팀만 전도를 했다. 성도들은 전도를 구경하고 있었다. 둘째, 전도팀의 전도에 대한 부담감이 커졌다. 매주 등록이 안 되면 팀원들은 죄책감에 빠지기까지 했다. 셋째, 전도팀이 지쳐갔다.

그렇다고 전도팀이 필요 없다는 것이 아니다. 지금도 송전교회 전도팀은 여전히 매주 모여 전도하고 있다. 분명히 전도팀은 교회 전도사역에 필요하다. 하지만 전도팀만의 전도가 아니라 전 교인 전도로 가야 한다. 왜냐하면 하나님은 모든 성도가 전도하는 교회를 소망하기 때문이다.

당시 나는 전도 강사로 다니고 있었다. 그때 알게 된 분이 있었다. 교회비전연구소 소장 김종석 목사님이다. 새벽에 이 문제를 가지고 기도하는데 김종석 목사님을 만나고 싶었다. 나는 김 목사님을 만나서 내 마음속에 있는 고민을 말했다.

"목사님, 전도팀의 중요성을 압니다. 그런데 전도팀만의 전도가 아니라 전 교인이 전도하는 교회로 만들고 싶습니다. 어떻게 해야 좋을지 모르겠습니다."

그러자 김 목사님은 속 시원한 대답을 해주었다.

"목사님, 셀에 대해서 들어 봤습니까? 셀은 구역과 같은 곳입니다. 하지만 현재의 구역은 교제와 예배 중심입니다. 셀은 영혼을 구원하여 제자 삼는 곳입니다. 셀로 전환한다면 교회가 전도형 교회가 될 수 있습니다."

나는 셀 관련 세미나를 단 한 번도 가본 적이 없었다. 셀에 대한 용어만 들었지 셀이 무엇인지도 자세히 모르던 때였다. 그 말을 듣자 만약 셀이 영혼을 구원하여 제자 삼는 곳이라면 셀 교회만큼 전도 양육형 교회로 만들기에 좋은 것이 없다고 생각했다. 그래서 김 소장님에게 여름 부흥회를 부탁했다.

"김 목사님, 이번 부흥회는 오직 셀이 무엇인지, 왜 셀로 바꾸어야 하는지를 알려만 주세요. 전통교회에서 셀로 전환하려면 먼저 성도들의 마음 밭이 준비되어야 하기 때문입니다."

2012년 여름, 송전교회는 김 목사님을 모시고 나흘 동안 셀 교회에 대한 부흥회를 했다. 성도들은 큰 도전을 받았다. 성도들은 셀 교회로 전환하려는 마음이 준비되었다. 나 역시도 셀에 대한 개념을 잡는 좋은 기회가 되었다. 부흥회 이후 나는 셀에 관련된 책을 사서 읽기 시작했다. 김 목사님과 소통하면서 셀 교회로의 전환을 준비하였다. 이메일과 전화를 정말 많이 했다. 김 목사님은 친절하게 잘 도와주셨다. 많은 책과 조언을 통해 셀 전환을 위한 준비를 철저히 했다. 셀 관련 자료를 가지고 송전교회 상황에 맞게 재구성했다. 셀 리더 모임 보고서, 셀 보고서, 4W 교안, 셀 리더 서약서, 셀 편성표 하나하나 세밀하게 준비했다.

부흥회 이후 한 달이 지났다. 셀 교회 전환을 위해서는 먼저 구역장, 인도자, 권찰을 모두 면담해야 했다. 그동안의 구역을 해체하고 셀 중심으로 재편성해야 했다. 성도들에게 이해를 구해야 했다. 그해 9월 마지막 주일 설교 한 편을 준비했다. 그리고 성도들에게 눈물로 호소했다.

"성도 여러분, 저는 전도팀만 가지고 목회해도 충분합니다. 하지만 하나님이 기뻐하는 교회는 전 성도들이 전도하는 교회입니다. 이 교회를 만드는 것이 제 소망입니다. 저는 이 일을 위해서 생명을 던질 각오도 되어 있습니다. 전도하는 교회를 만들기 위해서 저부터 매주 전도하겠습니다. 담임목사가 먼저 전도하지 않고 어떻게 성도들에게만 전도하라고 하겠습니까. 그러니 장로님들도 전도해주시고 안수집사님들도 전도해주세요. 앞으로 두 달 동안 모든 구역장, 인도자, 권찰을 면담하겠습니다. 셀 비전을 공유하고 함께 전도하고 양육하는 셀을 만들고 싶은 분들은 셀 리더 서약서에 사인하고 기도받으면 됩니다. 그렇지 않은 분들은 다른 사역을 해도 됩니다."

자칫 잘못했다가는 구역장, 인도자, 권찰들이 시험 들 수도 있었다. 왜냐하면 셀 사역을 못 하겠다고 하면 구역장의 자리를 내려놓아야 하기 때문이었다. 나는 새벽마다 이 일로 시험 드는 일이 없도록 기도했다. 두 달 동안 한 분 한 분 모두 면담했다. 감사하게도 한 사람도 시험 들지 않았다. 셀 리더를 못 하겠다고 하신 구역장들은 다른 사역을 하도록 안내했다. 셀 사역을 함께 하기로 결단한 셀 리더들은 서약하고 안수기도해주었다. 셀 리더들에게 자신의 셀 이름을 짓게 했다. 이들을 중심으로 셀 지원표를 만들었다. 전체 성도들에게 1~4지망까지 가고 싶은 셀에 지원하게 했다. 이 지원서를 가지고 기도하면서 셀을 편성했다.

2013년 1월 첫 주일 예배 시간에 셀 리더 파송식을 거행했다.

셀 리더들에게 안수하고 간절히 기도했다. 전통적인 구역에서 셀 교회로의 역사적 출발의 날이었다. 교제 중심, 예배 중심의 구역에서 영혼을 구원하여 제자 삼는 소그룹으로의 첫발이었다.

전 교인이 전도하는
교회로 나아가다

　　미국의 명문 드루대학교 교수인 레너드 스윗 박사에 의하면 교회는 네 가지 종류가 있다.

　　그중 하나가 선교적인 교회이다. 가장 바람직하고 본질적인 교회 모델이다. 선교중심적이고 전도중심적인 교회이다. 생명 탄생의 역사가 있는 교회이다. 모든 일을 복음을 전하기 위해서 한다. 주님의 나라를 확장하는 일에 신경을 쓰는 교회이다. 하나님이 기뻐하는 교회이다. 초대교회는 전도중심적 교회였다. 생명을 살리고 복음을 전하는 일에 최선을 다했다.

　　그런데 교회가 사명을 조금씩 잃어가면 선교적 교회가 목회적 교회로 바뀌게 된다. 사역중심의 교회, 행정중심의 교회로 변질된다. 성도들은 더 이상 복음을 전하지 않는다. 목사님도 더 이상 복음전도 설교를 하지 않는다. 그렇게 되면 성도들은 직분에만 관심을 갖게 된다. 장로 되는 일, 안수집사 되는 것에만 관심을 갖는다. 영혼 살리는 일에는 관심이 없다.

이 목회적 교회가 나쁘게 변질되면 현상유지적인 교회가 된다. 더 이상 부흥도 없지만 동시에 침체도 하지 않는다. 그냥 안주하는 교회로 변질된다. 복음전도는 찾아볼 수 없다. 사역도 아예 찾아볼 수 없다. 현상 유지만 하는 단계가 된다.

가장 마음 아픈 단계는 박물관 교회이다. 생명이 없고 열정도 없다. 눈물도 마르고, 기도도, 헌신도, 순종도 모두 예전 이야기가 되어 버렸다. 박물관에는 무엇이 있을까? 미라만 있다. 박물관 교회에는 미라 같은 성도들만 가득하다. 죽은 교회, 죽은 성도로 변질되는 것이다.

송전교회는 선교형 교회로 변하려고 몸부림을 쳤다. 셀 교회로의 전환은 송전교회가 전도형의 교회로 변화되는 출발이 되었다. 당시 송전교회는 전도팀 중심의 전도를 하고 있었다. 전도팀들은 전도하는 자체를 즐거워하지 못했다. 주일마다 등록이 되지 않으면 눈치를 보기 시작했다. 주일 예배 후 인사할 때면 나를 피하기 시작했다. 전도팀이 지쳐갔다. 이 모든 일을 해결하는 길은 전도팀과 함께 전 교인이 전도하는 교회를 세우는 것이었다. 또한 전체 성도들에게 전도는 등록보다 전도하는 자체가 귀한 일임을 알려줄 필요가 있었다. 하나님은 말씀하신다.

"좋은 소식을 전하며 평화를 공포하며 복된 좋은 소식을 가져오며 구원을 공포하며 시온을 향하여 이르기를 네 하나님이 통치하신다 하는 자의 산을 넘는 발이 어찌 그리 아름다운가"(사 52:7).

하나님은 좋은 소식을 전하기만 해도 그 발이 아름답다고 말씀하신다. 그런데 교회마다 등록 중심으로 가고 있다. 등록하지 못하면 전도가 실패했다고 생각한다. 이때부터 전도왕 제도를 송전교회에서 없앴다. 성도들에게 전도하는 자체가 귀한 일이라고 전하였다. 그래서 전도하러 나가기만 해도 전도 달란트를 주었다.

셀 리더 파송식 이후 나는 전 교인이 매일 전도하는 교회가 되게 하려고 기도했다. 이동읍 전체의 지도를 펼쳐 놓고 지역을 나누었다. 셀 전도 지원서를 만들었다. 셀이 전도 가능한 요일과 지역을 3~4개 정도 적어 내게 했다. 전도 지원서를 가지고 전체 셀을 지역과 요일에 맞춰서 배분했다. 교육부, 교역자들도 전도 요일을 정하여 복음을 전하게 했다.

또한 전도사역을 원활하게 하려고 평신도 중심으로 전도본부를 만들었다. 전도 마트를 같이 운영하고 전도본부 사무실도 만들어주었다. 전도본부팀은 전도지와 전도 소식지를 게시했다. 전도에 관련된 용품을 저렴한 가격으로 살 수 있게 하였다. 무엇보다 전도 달란트를 지급한다. 일 년에 한 번 전도 달란트 축제를 가을에 열 수 있도록 주관한다. 전도 달란트 축제 때는 음식을 하지 않는다. 음식을 하면 격려가 아니라 또 지치게 된다. 그래서 오직 가전제품, 생필품 등을 준비한다. 전도 달란트로만 사게 한다. 일 년 동안 전도하느라 수고한 모든 성도를 격려하는 시간이다. 나는 관계 전도에 대한 큰 전환점을 갖게 되었다. 그동안의 전도 스타일을 반성하였다.

당시 정진우 목사의 「전도 소그룹」(NCD)이라는 책을 읽었다.

"사람의 마음에는 돌밭도 있고 가시밭도 있다. 길도 있고 옥토도 있다. 복음의 씨앗이 결실을 맺으려면 먼저 마음 밭을 옥토로 갈아야 한다. 그렇지 않고 복음을 뿌리면 소용이 없다. 그래서 마음을 기경하는 작업이 필요하다. 그것이 바로 조건 없는 섬김이다."

먼저 불신자의 마음을 옥토로 만들고 나서 그 이후에 복음을 전해야 한다는 것이다. 그동안 나는 마음을 옥토로 기경하는 작업 없이 무조건 복음을 전하게 하였다. 그러니 열매가 잘 맺히지 않았던 것이다.

전도 소그룹에 관련된 책들을 모두 읽었다. 송전교회에 알맞을 필요 중심적 전도법을 만들려고 몸부림쳤다. 그래서 집중 열린 모임 12주 전략과 함께 관계 전도 매뉴얼을 만들었다. 셀 교회가 12주 동안 집중적으로 관계 전도를 통해 게스트를 섬길 수 있는 전도 방법이다. 12주 동안 관계 전도를 하고, 마지막 주에 셀 초대 만찬을 한다. 셀 초대 만찬에 초대된 사람을 해피코스에 초청한다. 교육부도 전도형으로 바꾸기 위해서 베스트 프랜드 페스티벌이라는 전도 프로그램을 만들었다. 다음세대도 일 년에 두 번 베프 페스티벌을 진행한다.

송전교회는 교육부든 셀이든 모든 조직이 전도하는 교회, 매일 전도가 이루어지는 교회가 되었다. 이제 전도는 송전교회의 문화가 되었고, 송전교회는 전도형 교회로 재창조되었다.

셀의 열매는
중단 없는 재생산이다

독일의 신학자 크리스티안 슈바르츠 박사는 그의 저서 「자연적 교회 성장」에서 이렇게 말하였다.

"이 세상에 존재하는 모든 생명체는 무제한적 성장은 하지 않는다. 한 그루의 나무는 계속해서 자라기만 하지 않고 새로운 나무를 낳고, 또 그 나무는 다른 많은 나무를 낳는다. 이것이 바로 하나님께서 만드신 모든 창조물의 특징인 번식의 생명체의 원리이다."

사과나무의 진정한 열매는 사과 열매가 아니라 또 다른 사과나무이다. 이처럼 소그룹의 진정한 열매는 새신자가 아니다. 또 다른 소그룹이다. 리더의 진정한 열매는 추종자가 아니다, 새로운 리더를 세우는 것이다. 하지만 오늘날 한국교회는 영적 출산과 재생산이 별로 없다. 제자훈련의 최종 목표는 재생산이다. 번식이다.

송전교회에서 제자훈련을 세팅하고 나니까 수료자들이 나왔다. 처음에는 셀마다 8~12명 정도 되고, 예비 리더가 제자훈련 과정을 수료하면 파송했다. 번식 대상 셀 리더와 예비 리더의 모임을 한다. 번식 날짜를 정하고 새로운 셀 이름을 정하게 하였다. 셀원들과 번식 파티를 하게 했다. 번식은 이별이 아니라 새로운 시작이라고 강조하게 했다. 매년 수료식이 봄, 가을 두 번 진행되므로 번식은 매년 두 번씩 일어났다.

그런데 한계가 오기 시작했다. 셀이 번식했을 때 셀 리더들은 열정과 비전이 뜨거워서 멋지게 감당했다. 그런데 시간이 지나면서 점차 비전 공유가 안 되었다. 열정도 식어갔다. 특히 전도와 양육이 안 되었다. 또한 남성 셀 같은 경우는 모임이 잘되지 않았다. 제자훈련을 통해 셀 리더를 세워도 열정이 식고 고비를 넘기지 못한다. 그런데 제자훈련 없이 구역장을 세우면 어떻게 될까? 셀은 무기력해질 것이다. 셀은 역동성을 잃을 것이다. 왜냐하면 셀은 셀 리더에게 달렸기 때문이다. 셀 리더가 살아야 셀이 살기 때문이다.

어느 날, 남성 셀 리더 한 분이 상담을 해왔다.

"목사님, 남성 셀들은 연합해서 모이면 좋겠습니다. 그러면 인원이 좀 될 것 같아요."

나는 셀 리더들에게 말했다.

"셀 사역을 하다 보면 한계가 온다. 고비도 온다. 하지만 바르게 가자. 단 한 명이 모이더라도 그 한 명을 붙들고 영혼을 구원하여 제자 삼아 번식하는 셀을 만들어 보자."

그러면서 하나님께 기도하기 시작했다.

"하나님 아버지, 훈련받은 사람을 셀 리더로 세우고 있습니다. 하지만 비전 공유가 잘 안 됩니다. 힘을 잃고 있습니다. 섬김이 식어가고 있습니다. 어떻게 하는 것이 좋을까요?"

이때 하나님은 이런 마음을 주셨습니다.

'여자도 자신이 임신하고 배 아파서 아기를 낳아야 엄마가 되고 아기를 끝까지 양육한다. 셀 리더도 마찬가지이다. 자신이 직접 전도해서 세례 주는 경험이 있어야 한다. 그래야 셀 사역을 끝까지 포기하지 않는다.'

그때부터 셀 번식에 대한 기준을 다시 세웠다.

첫째, 셀 모임의 수가 8~10명이 되어야 한다.
둘째, 제자훈련 전 과정을 수료해야 한다.
셋째, 전도하여 세례 준 경험이 있어야 한다.

이 기준으로 셀 번식을 진행하자 셀 번식의 숫자가 조금 줄었다. 하지만 빠르게보다 바르게 가려고 했다. 셀 리더 한 명을 세워도 바르게 세우려 하고 있다.

많은 선수가 올림픽에서 금메달을 열망한다. 금메달이 선수의 자랑이요 국가의 자랑이다. 그러면 그리스도인의 자랑, 그리스도인의 금메달이 무엇일까? 바울은 데살로니가 교회 성도들을 향해서 말한다.

"우리의 소망이나 기쁨이나 자랑의 면류관이 무엇이냐. 그가 강림하실 때 우리 주 예수 앞에 너희가 아니냐"(살전 2:19).

성도의 자랑은 주님에게로 돌아온 영혼이다. 이들을 재생산 리더로 세우는 것이 우리의 금메달이다.

복음의 능력은 살아 움직인다

한 해 불신자 100명에게
세례를 준다고? 아니 목표!

미국 캘리포니아주 웨스트레이크 빌리지의 갈보리교회 래리 드위트 목사는 말한다.

"우리는 적어도 세례받은 교인의 숫자에 의거해서 목회 성공을 판단할 수 있다. 교회 성장은 세례를 통한 자기 믿음의 고백이 기준이 된다. 교회 예산, 건물의 크기, 버스의 숫자로 교회 성장을 판단해서는 안 된다."

송전교회 전도 목적은 수평 이동이 아니라 불신자를 전도하여 세례를 주는 것이다. 요즘 성장한다는 교회를 보면 거의 수평 이동이 많다. 수평 이동을 당연시하는 분위기이다. 하지만 수평 이동에는 한계가 있다. 물론 다 그런 것은 아니다. 수평 이동 성도들을 제자훈련 시켜보아도 쉽지 않다. 성경에 대해서 조금 알고, 다른 훈련도 한 번씩 받아본 사람이 많다. 그러니 훈련할 때 쉽게 마음의 문을 열지 않았다. 제자훈련을 하면서 가장 힘든 사람이 수평 이동 성도들이었다.

"목사님, 다른 교회에서 이렇게 하지 않는데요? 제가 배운 것과 다른데요?"

결국은 훈련을 포기하거나 비전 공유가 안 되었다.

그때부터 주님이 원하는 부흥이 뭔지를 고민하게 되었다. 그래서 수평 이동보다는 불신자 전도에 더욱 초점에 맞추게 되었다. 성도들에게 설교 중에 이렇게 선포했다.

"이사 와서 등록하는 경우는 이해할 수 있습니다. 지역에 있는 교회 성도들을 우리 교회로 데리고 오지 마세요. 전도는 불신자를 대상으로 세례 주는 것입니다. 아무리 전도하고 싶어도 바르게 가야 합니다."

21세기 목회 연구소의 김두현 소장은 말한다.

"교회의 바른 성장은 회심 성장이다. 교회는 수족관을 크고 넓게 만드는 것이 아니라 사람들을 회심시키는 생명의 산실이 되어야 한다. 예수님의 지상명령은 수족관의 물고기를 옮기라는 명령이 아니다."

「새들백교회 이야기」의 저자이자 교회 성장학자인 릭 워렌 목사도 말한다.

"교회 성장은 회심에 의한 것이지 다른 교회에서 이전해 온 교인들에 의한 것이 아니다."

그래서 송전교회는 전문 전도팀, 셀 전도사역 모두 불신자에게 세례 주는 데 목표를 두고 있다. 해피코스 역시 가이드라인을 주었다. 해피코스 초대 대상은 세례받지 않은 사람으로 정했다. 해피코스를 통해 세례받는 사람들이 나오기 시작했다. 게스트들은 바로 제자훈련 2단계로 연결하고 있다. 이 내용에 대해서는 다음 기회에 출판되는 책에서 소개할 것이다.

코로나 전에는 세례를 일 년에 많게는 60~70명까지 주었다. 나는 계속해서 하나님께 기도하고 있다.

"하나님, 교회 출석 숫자 세지 않겠습니다. 교회 등록 숫자 자랑하지 않겠습니다. 일 년에 세례 100명 이상 주는 교회가 되게 하여주소서."

송전교회는 수평 이동이 아니라 불신자를 전도하여 세례 주는 교회이다. 늦을지라도 빠르게 가기보다는 바르게 갈 것이다.

불신자가
셀 리더가 되었다

건강한 교회는 소그룹이 번식하는 교회이다. 그러기 위해서는 소그룹을 일으키는 새로운 리더가 필요하다. 하지만 오늘날 한국교회 대부분의 성도는 자기 믿음 하나 관리하기에도 버겁다. 전도자의 진정한 열매가 뭔지 아는가? 회심자가 아니다. 새로운 전도자가 되는 것이다. 새로운 리더를 세우는 것이다. 전도된 사람이 셀 리더가 되는 것이다. 송전교회는 불신자를 전도하여 셀 리더로 세우려고 한다. 왜냐하면 한 영혼이 천하이며, 한 영혼이 천 명이고, 한 영혼이 세상이기 때문이다.

"그 작은 자가 천 명을 이루겠고 그 약한 자가 강국을 이룰 것이라. 때가 되면 나 여호와가 속히 이루리라"(사 60:22).

그러므로 전도는 한 영혼을 구원하여 세상을 행복하게 하는 일이다.

"땅의 모든 족속이 너로 말미암아 복을 얻을 것이라 하신지라"(창 12:3).

복음의 능력은 살아 움직인다

송전교회는 전도를 위해서 많은 예산이 든다. 특히 해피코스 페스티벌은 8주를 진행한다. 한 번의 이벤트가 아니다. 게스트를 매주 섬겨서 그들의 영혼이 세례받게 하는 것이다. 복음으로 변화되는 시간이다. 이 일을 위해서 정말 많은 예산이 든다. 많은 스텝이 섬긴다. 남들은 영혼을 위해서 많은 예산과 시간을 들이는 것이 낭비라고 한다. 하지만 예수님도 한 영혼을 천하보다 귀하게 여기셨다. 귀신 들린 영혼을 구하기 위해서 돼지 2천 마리를 낭비하셨다. 한 사람의 영혼이 변화되고 훈련받으면 세상을 행복하게 한다.

내가 주례한 한 가정이 있다. 이 가정은 남편은 신자이고 아내는 불신자였다. 오랫동안 부인은 교회를 나오지 않았다. 그러다가 해피코스에 초대되었다. 해피코스를 통해 복음을 들었다. 복음이 그녀를 변화시켰다. 그리고 세례를 받은 후 제자훈련 과정에 들어왔다. 제자훈련을 통해 점차 변화가 일어났다. 경건의 훈련도 하였다. 새벽예배도 나오고 금요기도회도 나왔다. 전도팀에도 들어갔다. 교회 일도 억척같이 해냈다. 이분이 셀 리더가 되었다.

전혀 복음을 들어본 적 없는 성도가 있었다. 그분은 송전교회가 첫 교회였다. 송전교회에서 복음을 듣고 훈련받았다. 복음에 헌신하는 셀 리더가 되었다. 셀을 너무도 잘 세우는 리더가 되었다.

한 남자 성도는 전혀 교회를 나오지 않았던 분이었다. 부인을 교회에 데려다주고 자신은 교회에 나오지 않았다. 기체조 등의 책을 많이 읽었다. 그러다가 새가족 공부를 하고 점차 변화되었다. 제자훈련 코스도 잘 받았다. 지금은 너무도 멋진 셀 리더가 되어 셀을 세우고 있다.

이런 분도 있다. 그분은 전혀 복음을 듣지 못했다. 사람 앞에 서는 것을 두려워하기도 했다. 그런데 이분도 해피코스에 참여하여 복음을 들었다. 복음이 그녀를 변화시켰다. 해피코스를 통해 하나님의 자녀가 되었다. 그 후 제자훈련 과정에 들어왔다. 참 열심히 훈련받았다. 좋은 셀에 들어가서 리더의 돌봄도 받았다. 지금은 교회 이곳저곳을 섬기는 일꾼이 되었다. 또한 셀에서 예비 리더가 되었다. 셀 리더를 잘 돕고 섬기는 분이 되었다. 이처럼 송전교회는 불신자가 셀 리더가 되고, 예비 리더가 되는 일이 일어나고 있다. 이것은 복음의 능력이다. 말씀의 능력이다. 훈련의 힘이다. 한 영혼이 천하보다 귀하다. 한 영혼이 천 명을 이룬다. 한 영혼만이라도 제대로 살아나면 하나님 나라는 확장되어 갈 수 있다.

부흥회, 뭣이 중헌디?

한국교회 부흥회의 공과(功過)에 대한 고찰이라는 글을 보았다. 이 글은 서부동산교회 담인인 최흥욱 목사의 논문이다. 그는 부흥회가 한국교회에 미친 좋은 영향이 있다고 했다.

"첫째, 교회와 성도들이 영적 침체에서 벗어나서 영적 회복을 이루게 해주었다. 둘째, 성경에 대하여 집중적으로 배울 기회를 제공했다. 셋째, 신앙 교리를 재점검하게 해주었다. 넷째, 신비적 현상이 수반되어 열정적인 신앙운동을 일으켰다. 다섯째, 성령의 역사를 통해 전도활동과 교세 확장에 크게 도움을 주었다. 부흥회를 통해 전국 방방 곡곡에 영혼구원의 열정이 퍼져나갔다.

그런데도 부흥회가 주는 문제점들도 있었다. 첫째, 현세기복적인 개인주의 신앙을 보이게 되었다. 예수 믿으면 천국 가고, 예수 믿으면 복 받는다는 것을 강조했다. 둘째, 기적만을 강조하는 현상이 일어났다. 치유, 병 고침, 방언 등의 현상을 중요하게 여겼다. 셋째, 성경보다는 지나친 열광주의를 만들어냈다. 성령의 역사를 몽롱해지고 의식을 잃는 것으로 이해하는 데까지 갔다."

부흥회는 한국교회 성장에 큰 영향을 주었다. 그래서 한때 한국교회는 부흥회가 붐을 이루었다. 나 역시도 어렸을 때 부흥회에 간 적이 많다. 그러면 왜 부흥회를 할까? 성도들의 믿음을 다시 세우기 위해서다. 교회의 섬김과 비전 공유를 위해서다. 분명히 부흥회가 주는 유익도 있다. 송전교회 부임 초창기에도 부흥회를 했다. 왜냐하면 성도들이 믿음이 떨어지는 시기들이 있었다. 겨울이나 여름에 특히 믿음이 약해짐을 느꼈다. 영적인 힘이 약해져서 비전을 위해서 달려갈 에너지가 없어졌다. 이때마다 부흥회를 통해 영적 회복을 이루었다. 부흥회는 송전교회의 연례행사가 되었다.

하지만 지금 송전교회는 부흥회를 하지 않는다. 전도와 양육을 바로 세우고 나서부터 부흥회를 따로 할 필요가 없어졌다. 부흥회를 통해 얻을 수 있는 것을 해피코스와 제자훈련으로 다 채울 수 있기 때문이다.

송전교회에는 세 번의 수료식이 있다. 첫 번째가 해피코스와 새가족 공부 수료식이다. 두 번째는 2단계 확신반 수료식이다. 세 번째는 제자훈련 전 과정 수료식이다. 이 세 번의 수료식에 은혜로운 간증이 넘친다. 교회 영상 소식을 통해 매주 훈련생들의 간증을 보여주고 있다. 주보에도 훈련생들의 고백을 매주 싣고 있다. 이분들의 고백은 한결같다. 믿음이 살아났다. 비전을 공유하겠다. 삶의 목적을 발견했다. 복음을 위해서 살아가겠다. 셀을 잘 섬기겠다.

성도들은 제자훈련과 해피코스를 통해 믿음이 살아나고 있다. 복음의 능력을 경험하고 있다. 비전을 공유하고 있다. 일 년 내내 영적 힘을 내고 있다. 훈련받는 사람들의 간증은 교회에 큰 유익을 주었다. 간증을 듣는 성도들에게도 큰 도전을 주었다. 교회에 대한 긍지를 주었다. 송전교회는 부흥회가 없어도 간증이 넘치는 교회가 되고 있다. 역동적인 젊은 교회가 되고 있다.

모든 교인이
복음에 목숨을 걸다

　나는 부임 초기에 건강한 교회가 어떤 교회인지 고민했다. 왜냐하면 송전교회가 건강한 교회인가에 대한 의문이 있었기 때문이다. 성도들도 송전교회에 대한 긍지가 없어 보였다. 주위 목회자들도 송전교회에 대한 편견이 많았다. 그래서 강단에 올라가서 하나님께 간절히 기도했다. 한참을 기도하는데 하나님이 나에게 이런 마음을 주셨다.

　'어머니가 부족하다. 그런데 아이를 잘 낳는다. 힘이 있다. 잘 웃는다. 그러면 건강한 것이다.'

　칼빈은 교회를 어머니와 같다고 했다. 교회가 부족할 수 있다. 완전하지 못하다. 하지만 복음으로 생명이 태어난다. 성도들이 웃음이 있다. 에너지가 넘친다. 행복하게 사역한다. 그러면 건강한 교회이다.

　그러면 송전교회는 건강한 교회인가? 송전교회는 복음의 능력으로 변화되는 영혼이 많았다. 수평 이동이 아니라 불신자들이 복음의 능력을 경험하고 있었다. 제자훈련으로 많은 기쁨을 누리고 있었다. 성도들에게서 힘이 느껴진다. 헌신하는 성도가 참 많다. 외부에서 교회를 방문하는 손님들이 이런 말을 한다.

"성도들이 발걸음이 굉장히 빠르네요. 성도들에게 웃음이 많네요. 주중에도 성도들이 북적이네요. 교회가 힘이 느껴져요. 교회가 역동적이네요."

자동차 왕 헨리 포드는 말한다.
"당신이 내 공장을 가져가고 건물을 불태우더라도 직원들만 돌려준다면 나는 곧 회사를 다시 일으킬 수 있다."
새들백교회 릭 워렌 목사도 말한다.
"나는 복음에 목숨을 건 교인 다섯 명만 있으면 지금과 같은 교회를 일으킬 수 있다."

나는 송전교회 성도들이 보배라고 생각한다. 성도들의 헌신을 볼 때 눈물이 날 때가 많다. 해피코스 할 때 스텝과 성도들은 늦은 시간까지 게스트를 섬긴다. 봄 해피코스 때는 어린이 꿈 축제, 경로잔치, 노인대학까지 정신없이 돌아간다. 주중에는 해피코스 사역을 위해서 데코, 행정, 간식팀 등이 늦은 시간까지 준비한다. 토요일이면 주일 사역과 해피코스 리허설을 한다. 남자 셀원들은 교회를 수리하고 섬긴다. 청년 셀원과 여자 셀원들은 교회 이곳저곳을 청소한다. 그런데 성도들이 아무 소리 없이 잘 섬긴다. 교회 섬김에 사역자가 부족하지 않다. 복음에 목숨을 걸고 사역하는 성도들이 참 많다.

　나는 지금도 당당히 말한다. 수백억짜리 건물과 훈련된 성도 중에 선택하라고 한다면 나는 훈련받은 헌신된 성도를 택할 것이다. 왜냐하면 하나님 나라는 건물이 세우는 것이 아니라 사람이 세우기 때문이다.

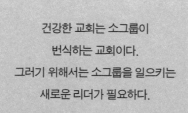

건강한 교회는 소그룹이
번식하는 교회이다.
그러기 위해서는 소그룹을 일으키는
새로운 리더가 필요하다.

전통교회 수양회가
제자훈련을 만났을 때

주말 수양회가
일상처럼 여겨진다

해피코스의 핵심은 게스트들이 하나님의 사랑을 체험하는 것이다. 1970년대 영국 교회는 젊은이들이 떠나고 있었다. 이들이 교회를 떠나면서 한 말이 있다.

"하나님의 사랑을 말로만 하지 말고 보여달라. 하나님의 존재를 증명해달라."

해피코스는 스텝을 통해 하나님의 사랑을 보여준다. 게스트가 사랑받게 하고, 인정받고 있다고 느끼도록 한다.

해피코스 9주 과정에는 주말 수양회가 있다. 주말 수양회는 해피코스의 절정이다. 게스트들은 1~3주 토크를 통해 강력하게 역사하는 복음의 능력을 경험한다. 이들은 복음을 통해 예수님을 영접한다. 5주 기도 토크 이후 주말 수양회를 한다. 이 시간을 통해 게스트는 성령을 경험한다. 예수님의 사랑을 경험한다. 주말 수양회는 예수님을 전인적으로 경험하는 시간이다.

게스트들이 주말 수양회를 참여하고 나면 확실히 변화가 일어난다. 주말 수양회는 성령이 누구신지, 성령 충만이 무엇인지를 나눈다. 뜨겁게 함께 기도하는 시간을 갖는다. 한 가지 더, 주말 수양회에 하이라이트가 있다. 바로 세족식이다. 세족식은 게스트가 예수님의 사랑을 경험하게 한다. 스텝들은 예수님을 대신하여 게스트의 발을 씻긴다. 그 후에 소그룹 별로 장기 자랑을 한다. 성도들과 게스트들의 숨은 끼를 볼수 있다. 이 시간은 천국 축제와 같다.

다음은 게스트들의 간증들이다.

"주말 수양회 전에는 불안과 염려가 가득했습니다. 이기적인 성향이 많았습니다. 항상 부정적이었습니다. 기도회 때 스텝 한 분이 내 어깨에 손을 얹고 기도했습니다. 그때 가슴속에서 뭔가 올라오는 것이었습니다. 성령님이 나를 뜨겁게 만지는 경험을 했습니다. 성령 토크를 듣고 기도하는데 눈물도 많이 났고 몸도 뜨거워졌습니다. 마음이 평안해졌습니다."

"세족식 때는 아무 생각 없이 참여했습니다. 그런데 스텝이 내

발을 씻기고 안아줄 때 예수님이 내 모든 것을 씻어주는 것 같았습니다. 세족식을 통해 닫힌 내 마음이 활짝 열렸습니다. 과거의 상처와 아픔이 모두 씻겨 내려갔습니다."

송전교회는 해피코스 주말 수양회를 벌써 16번째 하고 있다. 주말 수양회 전에는 매번 스텝들과 함께 반드시 기도회를 한다. 성령의 도우심이 나타나게 하려고 금식기도까지 한다. 세족식 리허설을 실전같이 진행한다. 매번 같은 리허설일지라도 초심을 갖고 준비하게 한다. 왜냐하면 하나님은 준비하는 곳에 역사하기 때문이다.

수양회를 통해
내적 치유를 경험한다

송전교회 제자훈련은 총 4단계로 되어 있다. 1단계는 영혼구원 단계이다. 믿음을 얻는 단계이다. 집중 열린 모임과 해피코스, 세례식이 있다. 주말 수양회가 여기에 포함된다. 2단계는 확신반 단계이다. 믿음을 강화하는 단계이다. 이 단계에 내적 치유 수양회가 있다. 3단계는 제자화 단계이다. 비전에 순종하게 하는 단계이다. 성경읽기학교, 기도학교, 제자학교, 전도학교, 셀리더학교가 있다. 4단계는 파송의 단계이다. 셀 리더, 예비 리더, 핵심 셀원으로 파송하는 단계이다.

나는 제자훈련 코스에 수양회를 넣고 싶었다. 왜냐하면 하나님을 인격적으로 만나는 시간이 필요했기 때문이다. 그중 하나가 내적 치유 수양회였다. 하지만 이와 관련된 세미나를 경험해본 적이 없었다. 그래서 관련 서적을 모두 사서 읽기 시작했다. 내적 치유 수양회 책들을 참고하여 송전교회에 맞는 내적 치유 수양회 교재를 만들었다. 내적 치유 수양회 매뉴얼도 만들었다. 스텝들도 구성했다. 현재까지 16기까지 진행해오고 있다. 내적 치유 수양회를 진행하면서 부족한 부분이 있으면 계속해서 보완했다. 그래서 지금의 내적 치유 수양회 교재가 나왔다. 내적 치유 수양회는 상처 치유와 성령의 권능을 강조한다. 하나님의 아버지의 사랑을 전해주고 있다. 더불어 용서하도록 인도하고 있다. 왜냐하면 용서 역시 마음 치유의 중요한 역할을 하기 때문이다.

그래서 베스트셀러 「상한 감정의 치유」의 저자 데이빗 A. 씨맨스 목사는 말한다.

"삶 전체 치유에서 가장 도움이 되는 것이 용서이다."

나는 내적 치유 수양회를 하면서 많은 분이 변화되는 것을 보았다. 하지만 마음의 치유나 회복이 일어나지 않는 분도 있었다. 이들의 특징이 있다. 끝까지 용서하지 못하는 경우이다. 한번은 이런 일이 있었다. 남편을 도저히 용서하지 못하는 분이 있었다.

나는 용서에 대해서 이렇게 말했다.

"용서만이 고통의 악순환을 끊을 수 있습니다. 상처를 떨쳐 낼 수 있습니다. 상처를 떨쳐 낼 수 있는 길은 오직 용서뿐입니다."

결국 그분은 용서하지 못했다. 변화도 일어나지 않았다. 그후 나는 내적 치유 수양회에서 용서 부분을 강조하고 있다. 더불어 하나님의 꿈으로 무장하는 순서들이 있다.

또한 수양회 1박 2일의 기간 동안 '100감사'를 쓰도록 하고 있다. 왜냐하면 감사가 내적 치유에 큰 역할을 한다는 사실을 알게 되었기 때문이다.

「감사 그 놀라운 이야기들」의 저자 임효주 목사는 말한다.

"감사는 불안한 심령을 위로하고 회복시키는 힘이 있다. 감사는 상실감과 거절감을 치료하는 치유제이다."

그래서 내적 치유 수양회 기간 동안 교회, 목사님, 가족들에게 '100감사'를 쓰게 하고 있다. 100감사는 성도들뿐 아니라 교회와 목회자와의 관계를 더욱 돈독하게 만들었다. 가족들과의 관계도 더욱 좋게 만들었다.

내적 치유 수양회는 주말 수양회와 또 다른 감동이 있다. 특히 수양회를 참여한 분들의 간증은 큰 은혜가 된다.

간증의 내용들은 이렇다.

"가정에서 남편과의 관계, 생활고로 인하여 몸과 마음이 지쳐 있었습니다. 인생을 살면서 상처받고 살았습니다. 마음의 병도 왔습니다. 내가 알지 못하는 상처가 있다는 것을 알게 되었습니다. 내 안의 미움과 상처로 힘든 일상이었습니다. 지쳐가고 있었습니다. 무의식에 자리 잡고 있던 상처를 내려놓고 용서하는 마음을 갖게 되었습니다. 강의를 듣는 중에 성령의 만져줌을 체험했습니다. 비전을 공유하며 살 것입니다. 100감사로 담임목사님과 교회가 얼마나 큰 축복이고 선물인지 알게 되었습니다."

내적 치유 수양회를 허락하신 하나님께 감사드린다. 지금은 전체 강의를 나 혼자 하고 있다. 하지만 점차 평신도 리더들과 강의를 나눠서 할 것이다. 또한 14기까지는 스텝들을 따로 구성했지만 15기부터는 확신반 훈련생들을 중심으로 스텝을 구성하여 내적 치유 수양회를 진행하고 있다.

비전 수양회는
교인을 하나로 만든다

송전교회 제자훈련 전 과정 수료 대상자가 되면 인터뷰를 진행한다. 수료 대상자들과 일대일로 목양실에서 만난다. 그리고 몇 가지를 질문한다.

첫째, 하나님의 비전이 무엇인가?
둘째, 하나님의 비전을 위해서 담임목사와 함께 평생 달려가겠는가?
셋째, 담임목사의 비전에 순종하겠는가?
넷째, 경건의 훈련(특히 새벽기도 3회 이상)을 할 것인가?

이 질문의 대답에 따라 수료 여부가 결정된다. 아무리 전 과정을 마쳤어도 질문에 대답이 잘 나오지 않으면 수료할 수 없다.

비전 수양회는 수료대상자들과 함께 진행하고 있다. 이분들을 모시고 비전을 공유하고 비전에 결단하고 비전을 향해 나아가도록 한다. 비전 수양회 때는 모의 장례식도 한다. 실제 관을 준비하고 관 안에 들어가 보게 한다. 그리고 마지막 유서도 쓰게 한다. 죽음 이후 주님을 만났을 때를 생각해보게 한다. 주님을 만났을 때 사명을 위해서 물을 때 무슨 대답을 할 것인지를 쓰게 한다.

비전 수양회를 마치고 나면 이런 고백을 한다.

"짧은 인생, 시간을 아끼고 제자 삼는 세계 비전을 가슴에 품고 살겠습니다."

"천국의 상급을 위해서 달려가는 인생이 되겠습니다."

"창조 목적대로 살아가는 삶을 살겠습니다."

"집중 열린 모임을 꾸준히 하며 동역하며 섬기겠습니다."

"송전교회에서 끝까지 담임목사님과 함께 가겠다는 확신을 가지게 되었습니다."

"12명의 재생산 리더를 세우고 천국 가겠습니다."

비전 수양회는 제자훈련 수료자들이 비전으로 하나 되게 만든다. 송전교회는 정말로 비전 공유가 잘 되고 있다. 성도들이 같은 말, 같은 마음, 같은 뜻으로 하나가 되게 한다.

제자훈련에는 수양회가 세 번 있다. 해피코스 주말 수양회, 내적 치유 수양회, 비전 수양회이다. 각 수양회마다 스텝이 구성된다. 행정팀, 데코팀, 만나팀, 간식팀, 의전팀을 위한 매뉴얼을 만들어서 섬기도록 안내한다. 부교역자들이 수양회를 준비하는 것이 아니다. 평신도 스텝들이 각 수양회를 준비하게 한다. 담임목사는 각 수양회를 준비할 수 있도록 매뉴얼을 만들어주면 된다.

매 수양회의 특징이 있다. 그것은 성령 충만을 구한다는 것이다. 왜냐하면 셀 교회 성공의 가장 중요한 요인이 성령의 임재이기 때문이다. 그래서 해피코스 주말 수양회, 내적 치유 수양회, 비전 수양회 모두 성령의 충만을 구하는 시간이 있다. 또한 해당 셀이나 성도들이 수양회 참석자들을 응원하러 방문한다. 간식과 음료를 사 들고 와서 기도하고 격려한다. 이 분위기는 교회 문화가 되었다. 서로가 큰 힘을 받는다.

축제를 더욱 축제 되게 하는
섬머캠프

송전교회는 쉼 없이 달려왔다. 흔한 등산, 체육대회, 야유회도 하지 않았다. 그런데도 성도들은 불평 한마디 하지 않는다. 나 역시 주님의 일은 쉬지 않고 해야 하는 줄 알았다.

어느 날, 기도하는데 이런 마음이 들었다.

'쉴 줄 모르는 주의 종을 만나서 성도들이 고생하는구나. 성도들에게 쉼을 주면서 사역해야겠다.'

그때부터 고민하며 기획한 것이 섬머캠프다.

셀별로 여름에 여행, 캠핑을 하며 소중한 추억을 갖게 했다. 특히 게스트를 초대하여 영혼 구원의 장이 되게 했다. 기획안, 평가서, 포스터 등의 샘플을 만들어서 그대로 하도록 했다. 섬머캠프 카톡 이미지를 셀별로 만들게 해서 기대하게 했다. 섬머캠프 때마다 주제를 정하여 4W 교안을 만들어주었다. 예를 들면 2022년 주제는 '당연 감사'였다. 일상의 당연한 것들에 대해서 소중함을 깨닫고 감사를 표현하자는 의도였다.

더불어 교육부도 여름에는 성경학교와 수련회를 하지 않고 섬머캠프를 진행하고 있다. 아이들이 선생님과 여행을 준비하면서 참여자가 되도록 한다. 교사들과 아이들이 가까워질 기회를 제공한다. 아이들에게 교회에 대한 좋은 추억을 갖도록 안내한다. 수련회와 성경학교는 겨울에 실시하고 있다. 이때는 교육부별로 성경학교와 수련회를 진행하여 말씀을 배운다. 공동체성을 갖게 한다. 섬머캠프는 셀원과 성도들에게 쉼을 주었다. 재충전을 주었다. 셀과 담임목사와의 유대감을 강화하기 위해서다.

더불어 교회 곳곳을 리모델링해서 성도들이 교제할 수 있도록 야외 가든을 만들었다. 에셀나무 가든, 샬롬 가든, 해피 가든을 통해 성도들과 다음세대가 사랑의 교제를 하도록 하였다. 올해부터는 '캠핑처치'라는 것을 만들어서 성도들, 셀, 가족들이 교회에서 캠핑하도록 진행하고 있다. 교회에서는 캠프파이어를 할 수 있도록 해주고, 나머지 용품은 직접 가져와서 캠핑처치를 운영하고 있다.

내년부터는 여름에 전 교인 수양회를 계획하고 있다. 성도들 가족과 셀, 교육부와 함께 가려고 한다. 호텔이나 수양관 등을 빌려서 여행하게 할 것이다. 저녁에는 세미나를 진행하려고 한다. 내가 이런 기획을 하게 된 것은 매년 진행되던 섬머캠프를 한 번쯤은 새롭게 진행할 필요성을 느꼈기 때문이다. 왜냐하면 지금까지 해오던 방식과 다르게 할 때 성도들이 새로운 힘을 얻는 것을 보기 때문이다.

섬머캠프, 캠핑처치 행사들은 교회가 더욱 역동적인 젊은 교회가 되게 했다. 주말 수양회, 내적 치유 수양회, 비전 수양회, 섬머캠프는 하나님이 우리에게 주신 선물이다. 나는 이 선물들을 한국 교회와 함께 나누는 날이 속히 오길 기도한다.

감사는 불안한 심령을 위로하고
회복시키는 힘이 있다.
감사는 상실감과 거절감을
치료하는 치유제이다.

3
P·A·R·T

모든 교인이
움직이는 교회

CHAPTER 1

먼저 교회 분위기가 역동적이다

아멘 소리가 큰
교회가 희망이다

「부르짖는 기도」의 저자 정훈 목사는 말한다.

"오늘날 교회는 소리를 되찾아야 한다. 소리는 따스함과 치유와 능력을 가져온다. 소리가 충만한 교회는 활력이 있다. 생동감이 있다. 영적인 역사를 일으킨다."

새벽 예배 때의 일이다. 새벽기도를 하는데 크게 부르짖어 기도한 성도가 있었다. 그러자 새벽 예배가 끝나고 그 성도에게 이렇게 말했다고 한다.

"하나님은 귀가 먹지 않았습니다. 작게 기도해도 들으십니다."

송전교회는 예배 시간에 아멘 소리도 크지 않았다. 웃긴 이야기를 해도 잘 웃지 않았다. 그래서 먼저 예배 시간에 반응과 호응의 중요성을 가르쳤다. 예배는 하나님의 임재와 인간의 반응으로 되어 있다. 하나님은 말씀과 찬양으로 임한다. 말씀과 찬양에 반응할 때 하나님을 만날 수 있다.

남자들이 젊은 여자들을 좋아하는 이유가 뭔가? 그들은 뭘 사줘도 이렇게 말한다.

"우와, 이런 것 처음 먹어봐요."

어디를 데리고 가도 이렇게 감동한다.

"우와, 이런 데 처음 와봐요."

그러나 교회 권사님들을 뭘 사주면 이렇게 말한다.

"이런 것 많이 먹어봤어요."

효도 관광을 가면 이렇게 말한다.

"와 봤던 데에요."

그러면 별로 사주고 싶지 않다. 어디 데리고 가고 싶지 않다. 예배도 똑같다. 하나님 앞에 반응이 좋아야 하나님이 기뻐하신다. 설교자도 힘이 나서 설교할 수 있다. 제자훈련 때도 아멘의 중요성을 강조하고 강조한다. 과제로 예배 시간에 아멘 20번 하기 숙제도 내준다. 아멘에는 축복이 있다.

신경음악치료소 원장 차영아 교수는 말한다.

먼저 교회 분위기가 역동적이다

"교회에서 아멘을 잘하는 성도가 뇌도 신앙도 건강도 좋아진다."

언어연구가 박필 목사도 말한다.

"우리는 하나님의 말씀을 입술로 시인해야 한다. 그것이 아멘이다."

그렇기에 결코 침묵해서는 안 된다. 침묵하면 우리 삶에 기적이 나타나지 않는다. 당신이 설교 말씀을 들을 때, 성경 말씀을 볼 때 입으로 아멘을 많이 한다면 틀림없이 많은 기적을 체험하게 될 것이다. 대신에 말씀을 들으면서 분석하고 평가하고, 또는 의심한다면 당신의 삶에서 하나님의 기적을 보기는 어렵다.

이제 송전교회 성도들은 아멘과 반응에 대한 훈련이 되어 있다. 그래서 예배 시간에 아멘 소리가 크다. 훈련받거나 수양회 때도 반응이 좋다. 특별새벽기도회 때 아멘과 반응은 우레와 같다. 아멘과 소리의 중요성을 강조한다. 송전교회 예배 분위기는 역동적이고 젊다.

본질 중심의 당회가
교회를 역동적으로 이끈다

서울의 한 교회가 있다. 그 교회 장로님들은 담임목사 사역에 사사건건 반대를 했다. 조금 마음에 안 들면 찾아와서 이런저런 조언을 마구 했다. 그러다 보니 담임목사는 하나부터 열까지 모든 일을 당회에 보고했다. 타 교회에 가서 설교하는 일도 하지 못하게 했다. 그 담임목사는 장로님들에게서 전화만 오면 가슴이 뛰고 불안하다고 했다. 장로님들이 식사하자고 하면 또 무슨 일이 생겼나 싶어서 마음이 힘들었다고 한다. 목사님은 장로님들의 눈치를 보며 주눅 들어 목회를 한다고 하셨다. 어느덧 당회가 두 편으로 나누어져서 서로의 의견에 반대만 했다. 더 심하면 담임목사 앞에서 서로를 향해 욕까지 했다. 목사님은 당회에 대한 트라우마까지 있었다. 당회가 평안하지 않았다.

「교회 다시 꿈꾸다」의 저자 안희묵 목사는 말한다.

"건강한 교회 행정은 비전을 위해 효율적으로 행정을 만드는 것이다. 교회의 모든 직분은 복음을 전하고 교회를 섬기기 위한 것이다."

건강한 교회는 본질 사역을 위해서 교회 행정이 맞추어져 있다. 송전교회 당회는 본질 중심이다. 영혼을 구원하고 제자 삼는 사역에 초점이 맞추어져 있다. 제자훈련이나 해피코스 리허설이 있을 때는 당회를 일찍 마친다. 대표 기도할 때도 비전을 공유하며 담임목사를 위해 간절히 기도해주신다. 목회 사역에 있어서 항상 '예스'라고 해주신다. 물질이 드는 사역이나 헌물이 필요하면 앞장서서 섬겨주신다. 책을 사거나 식사하라고 따로 챙겨줄 때도 있다. 응원해주고 힘을 주신다. 아무 걱정 없이 목회에만 전념하게 해주신다.

어느 날인가 장로님들이 찾아와서 이렇게 말씀하셨다.

"목사님, 좀 쉬시면서 하세요. 안식년이 어려우면 안식월이라도 가지세요. 예산을 책정해드릴 테니까 조금씩이라도 쉬면서 하세요."

장로님들은 한결같이 나에게 말씀해주신다.

"목사님, 열심히 해주셔서 감사합니다. 힘을 내세요."

사실 나는 그 흔한 노회 여행도 안 갔다. 각종 목회자 수양회도 가지 않았다. 오사카 신학대학 강의를 위해서 일본에 간 것 외에 외국에도 가지 않았다. 오직 교회에만 집중했다. 본질 사역에만 집중했다. 때가 되니까 장로님들이 오히려 나를 돕는 좋은 동역자가 되어 있었다. 지금은 장로님들이 가서 좀 쉬라고 할 정도이다. 장로님들이 참 고맙다. 너무도 귀한 분들이다.

평일에도 북적이고
활동적인 교회

외부 손님들이 평상시 나를 찾아오는 경우가 있다. 그분들은 나를 보기 전에 성도들을 먼저 보게 된다. 성도들이 밝게 인사하고 나에게 안내해준다. 그분들이 한결같이 이렇게 말한다.

"성도들이 밝네요. 교회 분위기가 살아 있네요. 교회가 역동적이네요. 평일인데도 성도들이 북적북적하네요."

그 말을 들을 때마다 건강한 교회가 세워지는 것 같아 하나님께 감사했다.

사실 송전교회는 주중에 사역과 활동이 많다. 카페는 상시 도우미들이 섬기고 있다. 이분들은 자원봉사를 하고 있다. 화요일에는 전도팀 모임이 있다. 매일 평일 중보기도팀 사역이 있다. 담임목사를 위한 아론홀 중보기도팀 사역도 매일 진행되고 있다. 셀별 기도회가 날마다 이어지고 있다. 수요일에는 예배 후 수요 기도팀이 운영되고 있다. 목요일은 노인대학을 통해 지역 어르신들을 섬기고 있다. 금요일과 토요일은 셀 모임들이 진행된다. 어린이 놀이터와 키즈랜드는 아이들로 북적이고 있다. 해피코스를 할 때는 더욱더 많은 팀이 매일 교회에 와서 영혼 구원 사역을 준비한다. 제자훈련은 수요일, 목요일, 토요일 오전과 오후로 나누어서 진행되기에 계속해서 성도들이 교회에 많이 모일 수밖에 없다.

나는 평신도가 주중에 사역하는 교회를 꿈꾸었다. 이제 그 모습이 나타나고 있어서 감사하고 있다. 이 모든 것이 강력한 제자훈련 덕분이다.

먼저 교회 분위기가 역동적이다

그래서 미국 리얼라이프 미니스트리 짐 푸트먼 목사는 이렇게 말한다.

"예수님은 우리에게 거룩한 사명을 주셨다. 가서 제자 삼으라는 사명이다. 숱한 목회자와 신학교 교수들은 제자 삼는 사명이 마치 신학교에서 훈련받은 사람에게만 해당되는 것처럼 가르친다. 그러나 예수님의 명령은 모든 성도가 해야 할 일이다."

물론 제자훈련에는 장애물이 있다. 성도들이 제자훈련을 부담스러워한다는 것이다. 하지만 예수님의 명령이기에 묵묵히 걸어가야 한다. 바르게 가야 한다. 한 명의 진정한 제자를 세우는 일은 수년의 시간과 기도가 필요하다. 하지만 기도와 인내는 배신하지 않는다. 반드시 건강한 교회가 세워지고 제자훈련을 통한 많은 기쁨을 누리게 된다. 그중 하나는 목사의 마음에 공감하는 동역자가 많이 생긴다는 것이다. 훈련을 통해 성도들은 이런 말을 가끔 한다.

"훈련받고 셀 리더가 되어 보니까 목사님의 마음을 이해할 수 있어요. 얼마나 외로우세요. 제가 동역자가 되겠어요. 힘이 되어 드릴게요."

제자훈련은 교회를 건강하게 만든다. 성도들을 역동적으로 만들었다.

양육과 섬김으로
주일을 더욱 생기 있게

얼마 전에 새가족 심방을 한 적이 있다. 그분이 심방을 받으면서 이런 말을 했다.

"송전교회 첫인상이 군대 같았어요. 너무 역동적이고 활동적이어서 이단인 줄 알았어요."

이 말은 정말 웃지 못할 이야기이다. 왜냐하면 이분의 눈에는 이단들이 생기 있게 보이고 기존 교회는 무기력하게 보였다는 것이기 때문이다. 니체의 말이 생각이 난다.

"신은 죽었다. 그 증거가 무엇인지 아는가? 무기력하고 생기 없는 교회가 그 증거이다."

나는 이런 말을 들을 때마다 송전교회가 하나님이 살아 있는 증거가 되고 싶다고 기도했다. 먼저 성도들에게 양육과 섬김의 본을 보이고 싶었다. 하나님 앞에서 충성을 다하고 싶었다.

미국 덴버신학교 명예학장이자 유명한 부흥사로 널리 알려진 버논 그라운즈 목사는 「숫자적 목회에서 자유합시다」라는 책에서 이렇게 말한다.

"오늘의 복음주의는 맹목적으로 통계라는 성공을 숭배한다. 우리는 죄스럽게도 크기에 집착하고 있다. 예배당의 크기, 사례금의 액수, 주일학교의 크기, 교회 버스의 숫자 등에 지나치게 매여 있다. 우리는 죄스럽게도 교회 예산의 통계, 부동산의 통계, 교인 숫자의 통계에 지나치게 몰두해 있다. 오늘 그리스도인 가운데 많은 사람이 세속적이고 물질적인 성공을 숭배한다. 우리는 신학교에서 신학생들을 성공이라는 세균으로 감염시키고 있다. 신학생들에게 성공이란 빌리 그레함 같은 부흥사가 되거나, 초대형 교회의 목회자가 되는 것이라고 가르치고 있다. 하나님 앞에서의 순종이 목회의 참된 성공이다."

나는 하나님 앞에서 목회하려고 했다. 부임 처음부터 새벽 1시에 출근하고 있다. 지금은 밤 11시에도 나온다. 대신 조금 일찍 잠자리에 든다. 새벽에 나와서 말씀을 묵상한다. 일주일에 최소 세 권 이상의 책을 읽으려 하고 있다. 왜냐하면 책은 나의 스승이고 멘토이고 친구이기 때문이다. 새벽에 당일 제자훈련을 준비한다. 새벽에 강단에 올라가서 기도한다.

주일에도 같다. 새벽에 나와서 주일 말씀을 묵상한다. 그날 말씀을 붙들고 내 마음에 임할 때까지 기도한다. 8시 1부 설교를 시작으로 말씀 사역을 시작한다. 1부 설교를 시작하여 3부 설교까지 진행한다. 그러면 오후 1시가 넘는다. 그 이후 성도들 면담을 진행한다. 훈련생 면담, 성도들을 위한 안수기도를 한다. 여러 팀 모임 인도를 통해 사역이 원활하게 돌아가도록 공지한다. 2시에는 셀 리더 모임을 한다. 셀 리더 모임을 통해 비전을 공유한다. 셀 리더 모임 이후 2시 50분에 4부 설교 사역이 있다. 4부 예배 후 20분 정도 휴식을 취한다. 그 후 제자훈련 주일반을 진행한다. 최선을 다해 말씀으로 훈련하고 있다. 저녁이 되면 거의 녹초가 된다. 그런데도 생명을 살리고 세우는 일을 하고 있기에 마음이 뿌듯하다.

송전교회 성도들 역시 주일 사역에 열정적이다. 환영팀, 안내팀은 예배 전에 와서 합심 기도하며 사역을 준비한다. 셀과 봉사부들은 주일 식사를 잘 준비하여 섬긴다. 코로나19 이후 식사 섬김이 어렵다고들 말한다. 그러나 송전교회는 식사 섬김이 바로 이뤄졌다. 왜냐하면 훈련과 양육을 통한 비전 공유가 되어 있었기 때문이다.

주일 중보기도팀은 기도실에서 영상을 통해 예배를 중보한다. 새가족 환영팀은 새가족실에서 식사를 준비하고 새가족들에게 교회 소개 영상을 보여준다. 셀 리더들은 셀원들과 함께 식사와 교제를 풍성하게 하고 있다. 해피코스가 주일에 진행될 때 교회는 말 그대로 정신없이 돌아간다. 여기저기서 해피코스 12팀이 주일 오후에 있을 해피코스를 정성껏 준비한다. 성도들은 각자의 자리에서 살아 움직인다. 나는 송전교회 성도들을 볼 때마다 몇 번이고 눈물이 난다. 참으로 소중한 분들이다. 왜냐하면 순종과 헌신이 너무도 귀하기 때문이다.

먼저 교회 분위기가 역동적이다

C·H·A·P·T·E·R·2

특새(특별새벽기도회)는 축제이다

100년 전통교회,
특새를 시작하다

역사적 기도의 대가인 이 엠 바운즈는 말한다.

"많은 경우 목회가 신통치 않고, 또 생기가 없는 것은 기도를 하지 않은 탓이다. 어떤 목회든 기도를 많이 하지 않고는 성공할 수 없다. 사람들의 공감을 불러일으키는 목회는 기도하는 목회이다."

나는 목회를 시작할 때 기도에 생명을 걸었다. 왜냐하면 기도 외에는 다른 방법이 없었기 때문이었다. 누가 옆에서 뭐라고 하든지 기도를 붙들고 나아갔다. 내가 기도 목회를 할 수 있었던 것은 학부(ACTS) 때의 기도 습관 때문이었다.

나는 ACTS에서 기도의 열정을 배웠다. 학부 때의 밤 기도는 기도의 습관이 되었다. 특히 에스겔이라는 독특한 기도처가 있었다. 매일 밤 11시에 아세아 복음화를 위해서 중보기도를 했다. 많게는 20명이 모였고 적게는 10여 명이 모였다. 기도 모임은 한 시간 정도 진행되었다. 그 후 산 기도처로 흩어져서 밤새도록 간절히 기도했다. 얼마나 주님을 외쳤는지 모른다. 나중에는 목소리가 나오지 않을 정도였다.

총신대학교 신학대학원 동계 어학 강좌 때였다. 입학 전에 미리 신대원 생활관에 들어가서 헬라어와 히브리어 공부를 했다. 매일 원어 공부를 하고 쪽지 시험을 봤다. 공부로 바쁜 가운데서도 기도할 곳을 찾아 11시에 나갔다. 겨울이고 기도할 곳이 마땅치 않았다. 소래교회는 공사 중이었는데 슬리퍼를 신고 그 안에서 기도했던 기억이 있다. 신학교 때 습관이 된 기도훈련은 목회의 귀한 자양분이 되었다.

처음 부임 이후 5년 동안 참으로 어수선한 일들이 있었다. 이일 저 일 참 힘든 일이 많았다. 교회 분위기도 좋지 않았다. 하나님은 서른네 살에 부임한 나를 완전히 초전 박살을 내셨다. 이때 시작한 것이 특별새벽기도회이다. 교회 안에 부정적인 말이 난무할 때도 수없이 밤을 기도하며 보냈다. 어디에다 마음을 열 곳도 없었다. 하루하루가 숨쉬기가 어려웠다. 그런데도 묵묵히 특별새벽기도회를 기획했다. 정말 특별새벽기도회를 많이 했다. 특별새벽기도회의 종류도 다양했다. 40일 특별새벽기도회, 21일 특별새벽기도회, 5일 특별새벽기도회를 했다. 특별새벽기도회와 전도의 열정, 목회의 흐름을 깨닫게 해준 분이 있다. 바로 21세기 목회 연구소장 김두현 목사이다. 나는 이분을 통해 특별새벽기도회의 중요성을 배웠다.

그 당시 하나님께 이렇게 기도했다.

"하나님, 저는 부족한 종입니다. 하나님이 저와 함께하심을 보여주옵소서. 기적이 상식이 되는 교회가 되게 하소서. 성도들이 안수기도를 받게 해주세요. 젊은 목사라고 안수기도를 받지 않습니다. 안수기도할 때 응답과 치유가 일어나게 해주세요."

하나님은 종의 기도를 들으셨다. 특새를 시작하자 성도들이 모이기 시작했고, 안수 기도할 때 치유가 일어나기 시작했다. 기적이 일어났다. 이 기간의 특새는 계획된 특새라기보다 내가 살기 위한 몸부림이었다. 그 후 특별새벽기도회는 송전교회 문화가 되었다.

특새는
영혼 구원을 위한 디딤돌이다

2013년경, 교회비전연구소 김종석 소장과 대화를 나눌 기회가 있었다. 특별새벽기도회에 관한 이야기였다. 소장님이 나에게 이렇게 말했다.

"특별새벽기도회를 영혼 구원에 초점을 맞추면 하나님이 더 기뻐할 것입니다. 그리고 해피코스 페스티벌과 연결시켜 보세요. 이제는 특별새벽기도회를 많이 하지 말고 해피코스 일정과 맞추어서 해보세요."

나는 특별새벽기도회에 대해서 고민하며 기도했다. 특별새벽기도회 매뉴얼을 만들었다. 특별새벽기도회 기간도 6일로 정했다. 특별새벽기도회를 준비할 때마다 기도하면서 주제를 정하였다. 특새는 해피코스를 시작하는 봄 4월, 가을 10월 전에 준비하고 있다. 그동안 했던 특별새벽기도회 주제는 다음과 같다.

다드림 특새(다시 하나님의 꿈), 다 믿음 특새(다시 믿음으로), 하하하 특새(하나님이 하셨습니다. 하나님이 하실 것입니다. 하나님, 감사합니다).

2013년부터 2022년까지 매년 2월, 8월에 맞춰서 진행하고 있다. 구호도 영혼 구원에 맞추어져 있다.

"다시 믿음으로 행복한 인생이 되자! 다시 믿음으로 게스트를 섬기자!"

특새 때 드리는 헌금은 모두 해피코스를 위해서 사용한다. 영혼 구원을 위해서 드려진다. 특새를 하면서 느끼는 것이 있다. 영

특새(특별새벽기도회)는 축제이다

혼 구원에 맞추어진 특별새벽기도회를 하나님이 너무도 기뻐하신 다는 것이다. 왜냐하면 말씀과 찬양의 은혜가 풍성했기 때문이다. 간증과 응답이 넘쳐났기 때문이다.

신학자이자 복음 전도자인 마이클 그린 목사는 말한다.
"당신이 정말 기도하는 교회를 알고 있다면 그 교회는 틀림없 이 전도하는 교회일 것이다. 그리고 만약 당신이 정말로 전도하는 교회를 알고 있다면 그 교회는 틀림없이 기도하는 교회일 것이다."
그는 계속 말한다.
"기도는 전도의 첫걸음이다."
또한 베스트셀러 「전도하는 교회가 성장한다」의 저자인 존 테 리는 말한다.
"방법이 아무리 좋아도 기도와 바꿀 수 없다."

특별새벽기도회는 해피코스라는 전도와 맞추어져 있다. 해피 코스라는 방법이 아무리 좋아도 기도와 바꿀 수 없다.
특별새벽기도회가 끝나는 토요일 오전에는 해피코스 스텝 수 양회를 한다. 이미 성도들이 말씀으로 충분히 무장했기에 해피코 스 스텝 수양회는 굉장히 뜨겁다. 특새가 끝난 아침 9시 30분인데 도 스텝이 모두 나와서 해피코스 스텝으로 영적 재무장을 한다.

특새를 위한
준비 기간만 6개월?

전대진 목사가 쓴 「하나님, 저 잘 살고 있나요」라는 책에서 이런 글을 읽은 적이 있다.

"하나님은 준비하는 만큼 기회를 주신다. 주님은 이렇게 말씀해 주신다. '많은 사람들이 내게 요셉처럼 쓰임받고 싶다고 기도를 한단다. 그러면 내가 그를 갑자기 총리로 세울까? 아니면 지극히 작은 일부터 맡겨보고 그 일을 해낼 수 있는 기회를 줄까? 나는 준비하는 만큼 기회를 준단다. 왜냐하면 준비된 만큼 쓸 수 있으니까.'"

나는 이 말에 공감한다. 그래서 준비하는 데 최선을 다한다. 그 중 하나가 특별새벽기도회다. 나는 특새 준비를 6개월 동안 한다. 2월 특새가 끝나면 바로 8월 특새를 위한 기획안을 만든다. 특새 구호, 주제를 정하고 매뉴얼을 준비한다. 교역자들이 해야 할 일과 팀장과 셀 리더들이 할 일을 배정한다. 특새를 위한 동기부여를 위해 카톡 이미지를 특새 이미지로 통일한다. 포스터와 홈페이지 슬라이드도 특새 중심으로 바꾼다. 교회 영상 소식과 주보에도 매주 특새에 대한 기대감을 전달한다. 특히 2월 특새 이후 6개월 동안 말씀을 준비한다. 본문을 정하고 묵상한다. 관련 서적을 사서 읽는다. 여섯 번의 설교를 위해서 6개월을 준비한다. 아무리 바빠도 말씀 준비에 최선을 다한다.

매년 특새를 앞두고 중보기도팀 영성 수양회를 진행한다. 전체 중보기도팀과 성도들을 대상으로 기도 영성 수양회를 한다. 중보 기도 사역의 중요성과 특새 참여에 대해 강조한다. 또한 찬양팀 수 양회도 특새 전에 진행한다. 특새를 준비하는 찬양팀이 영적으로 무장하도록 하고 있다. 특히 찬양팀은 특새 2주 전부터 새벽예배 에 나와서 영적으로 준비하게 한다. 특새 한 달 전부터 중보기도팀 과 셀들은 릴레이 금식에 들어간다. 셀은 특새를 위한 릴레이 기도 회를 진행한다. 교역자들은 특새 기획안에 따라 매주 해야 할 일을 준비한다. 그래서 특새가 빈틈없이 준비되도록 하고 있다.

교육부는 다음세대가 특새에 참여하도록 기획안을 준비하여 동기부여를 한다. 특새가 시작하는 주일 오전 예배에는 특새 참여 를 위한 설교를 준비한다. 그래서 성도들이 반드시 특새에 참여하 도록 동기부여를 한다. 나 역시 특새 기간에는 월요일부터 토요일 까지 모든 제자훈련과 일정을 취소한다. 외부 일정을 잡지 못한다. 오직 특새에 집중한다. 특새를 하는 날은 저녁 7시에 잠을 청한다. 그리고 밤 11시에 나와서 그날 말씀을 묵상하고 성도들을 위해 기 도로 준비한다. 왜냐하면 하나님은 준비된 곳에 일하기 때문이다.

특새 준비하는 성도들도 팀별로 구성하여 준비하게 한다. 행정 팀은 핸드북과 기도카드를 만든다. 방송팀은 특새 동기부여 영상을 만든다. 데코팀은 특새 장식을 한다. 운송팀은 특새 차량 운행을 준비한다. 찬양팀과 셀들은 금식기도를 하며 준비한다. 봉사부와 셀리더들은 특새 아침 식사를 위해서 준비한다. 모두가 하나같이 준비하고 있다.

특새를 준비하면서 나는 한 가지 마음으로 나아간다.

"하나님을 기쁘시게 하자. 하나님을 감동시키자. 하나님을 기쁘시게 하는 일이 무엇인가? 바로 영혼 구원이다. 영혼 구원에 집중하는 특새가 되게 하자. 모든 준비는 하나님이 감동하실 정도로 하자."

성도들에게 계속 외쳤다.

"100% 출석하여 하나님을 감동시키자. 육체의 한계를 초월하자. 하나님이 나의 일을 하시게 하자."

송전교회 특새는 이제 문화가 되어 있다. 간증도 넘친다.

특새는 기쁨이 어우러진
축제의 한마당

교회 연구가 톰 레이너 목사는 말한다.

"죽은 교회는 함께 기도하지 않는다. 좀처럼 모여서 기도하지 않는다. 실제로 기도와 교회의 건강은 서로 하나로 연결되어 있다. 교회가 기도생활에 참여하면 더욱 건강해진다. 함께 모여 드리는 기도는 교회 건강의 원인이자 결과이다. 기도가 없으면 소망이 없다. 그 교회는 죽어 가기 시작한다."

코로나 시기에 2년 동안 특별새벽기도회를 못 했다. 그때 제일 많이 들은 것이 다음세대 아이들의 질문이었다.

"목사님, 특새 언제 해요? 특새 가고 싶어요!"

송전교회 특새는 모든 성도와 다음세대까지 사모하는 축제가 되었다. 송전교회는 명성교회, 사랑의교회 특새만큼 대형교회 특새는 아니다. 하지만 어느 교회나 따라 할 수 있는 특새이다. 첫날부터 마지막 날까지 날마다 축제이다.

새벽 3시부터 봉사부와 셀이 나와서 성도들의 아침 죽을 준비한다. 매일 다른 죽을 준비하여 성도들의 아침 식사를 해결한다. 셀과 다음세대 교사들은 아침에 응원 준비를 한다. 응원 도구를 들고 찬양을 통해 특새에 나오는 성도들을 응원한다. 차량팀과 주차팀은 함께 모여 기도한 후 성도들을 맞이한다. 셀은 간식을 준비하여 성도들에게 나눠준다. 교육부 교사들도 다음세대를 위하여 일찍 나와서 간식을 준비한다. 다음세대를 환영하고 축복한다. 찬양팀은 새벽 3시 30분까지 와서 찬양과 기도로 영적 무장을 한다.

특새에는 아기를 업고 오는 엄마 아빠들도 있고, 셀원들과 함께

오는 셀 리더들도 있다. 먼 거리에서 나오는 성도들도 있고, 임신한 상태에서 참여하는 성도들도 있다. 뜨거운 찬양과 부르짖는 기도, 말씀 앞에서 아멘으로 화답하는 성도들이 있다. 정말 특새 6일은 날마다 천국 잔치이다.

나는 예배당을 가득 채운 성도들을 보면 감격스럽다. 특새 마지막 날이 되면 하나님은 엄청난 은혜를 부어주신다. 치유와 간증이 넘친다. 감동을 받은 성도들이 떡과 음료수를 헌물하기도 한다. 폭죽도 터트리며 특새 가운데 임하신 하나님께 영광을 돌린다.

오사마 빈 라덴을 알 것이다. 9·11 테러를 일으킨 장본인이다. 미국 정부는 빈 라덴을 잡기 위해서 온갖 노력을 다했다. 그 결과 2011년 5월 2일 미국 특공대 네이비 씰은 빈 라덴을 사살했다. 빈 라덴 사살 훈련을 1000번 이상 반복 연습한 결과라고 한다. 즉 강력한 훈련이 승리를 이끈 것이다.

송전교회 특새가 축제가 되고 역동적인 이유가 있다. 그것은 제자훈련이다. 제자훈련으로 많은 성도가 훈련되었기에 특새에서 영적 승리를 하고 있다. 강력한 훈련이 성도를 주의 강한 군사로 만든다. 송전교회 특새 매뉴얼을 소개하고 싶다. 그것을 참고하여 많은 교회에 축제와 같은 기도 운동이 일어나길 기도한다. 그동안 진행된 특새 매뉴얼과 설교를 소개할 날이 오길 고대한다.

C·H·A·P·T·E·R·3

순종과 섬김이 문화가 된 교회

인기 없는 목사,
시험 안 드는 교인

나는 참 인기 없는 목사이다. 왜냐하면 성도들을 주님의 군사로 만들기 위해서 악역을 자처하기 때문이다. 정말 모질 정도로 성도들을 대한다. 우리 교회 셀 리더 수양회는 일 년에 두 번 진행된다. 수양회 날짜가 정해지면 나는 이렇게 말한다.

"리더 여러분, 여러분은 하나님 나라 군사들입니다. 여러분이 셀 리더로 서약했을 때 수양회를 참석하기로 했고 빠질 시에는 셀 리더를 못 하는 것으로 받아들인다고 했습니다. 모두 참석해야 합니다. 정말 부득이한 경우에는 저를 직접 만나야 합니다."

부득이한 상황에 있는 리더는 면담한다. 한 번의 기회를 주고 수양회 강의 영상을 듣고 소감문을 제출해야 한다.

제자훈련 과정은 말할 것도 없다. 지각, 결석하면 원칙대로 진행한다. 과제물에 대해서 매주 확인하여 제대로 진행되지 않을 시에는 재수강을 하게 한다. 제자훈련 전 과정을 수료해도 수료자들의 경건생활을 점검한다. 출석부를 만들어서 새벽예배, 모든 예배를 점검한다. 수료자들은 개인 경건 관리표를 매주 제출하게 된다. 일 년 2회씩 수료자들을 면담한다. 그들의 경건 생활을 확인한다. 경건생활이 잘 진행되지 않으면 재수강을 하게 한다.

교사 대학을 진행할 때 일이다. 나는 원칙을 세우고 교사들에게 전했다. "교사 대학은 일 년에 한 번 진행됩니다. 아이들의 영혼을 위해서 반드시 참여해야 합니다. 만약 참여하지 않으면 교사를 할 수가 없습니다."

처음 교사들은 설마 목사님이 그렇게 할까 생각했다. 하지만 정말 그렇게 했다. 교사들은 내가 너무하다고 생각했을 것이다. 그러나 아이들의 영혼을 위해서 교사들이 이런저런 이유 대지 말고 시간을 내길 바랐다. 아이들을 사랑하면 방법을 찾기 때문이다. 그 다음부터는 모든 교사가 교사대학에 참여하고 있다.

코로나19 기간에는 팀 사역, 셀 사역, 교사 사역 등을 많이 봐주었다. 하지만 더는 그렇게 할 수 없었다. 그래서 모든 성도에게 이제부터는 원칙대로 해나갈 것이라고 전했다. 아마도 성도들은 이렇게 생각했을 것이다.

'우리 목사님은 너무 하신다. 적당히 좀 해주시지.'

성도들이 이런 말을 하는 것도 이해가 된다. 코로나19 상황이니까 살살 하라는 뜻일 것이다. 하지만 나는 건강한 교회를 세우기를 원했다. 오합지졸의 교회를 세우고 싶지 않았다. 성도들은 나를 부담스러워한다. 가까이 하면 부담을 준다고 한다. 그래서 나를 피한다. 하지만 거룩한 부담이다. 이 부담을 받고 훈련된 성도들은 복음에 과감히 자신을 던진다. 송전교회 성도들은 정말 순종을 잘한다. 제자훈련의 힘이다.

영화 〈국제시장〉은 한 남자의 일생을 그렸다. 주인공 덕수는 한국전쟁 당시 흥남 부두에서 아버지와 헤어지게 된다. 그때 아버지는 이렇게 말한다. "아버지가 없으면 네가 가장이다."

그는 피투성이가 되는 상황에서 아버지와의 약속을 지키기 위해서 살았다. 이제 그도 나이 들었다. 영화의 마지막 장면에서 그는 아버지에게 혼자 말한다.

"아버지, 저 이만하면 잘 살았지예. 잃어버렸던 막순이도 찾았구요. 내 약속 잘 지켰지예. 근데 저 참 힘들었어요."

돌아가셨던 아버지는 환상 중에 나타나서 그를 안아준다. 그는 말한다. "아버지, 보고 싶었어요."

"나도 네가 보고 싶었단다!" 이렇게 영화는 끝난다.

이 땅에서 성도들에게 인기 없어도 된다. 영혼을 위해서 해산의 수고를 해도 괜찮다. 쉼 없이 복음을 위해서 달려가도 괜찮다. 나중에 천국에 가서 성도들에게 이 말을 듣고 싶다.

"목사님, 목사님 덕분에 제가 천국에서 주님의 상급을 누리고 있어요."

천국에서 하나님에게 이 말을 하고 싶다.

"하나님, 저 이만하면 열심히 잘 살았지요. 하나님의 비전을 위해서 살았지요. 잃어버렸던 영혼을 구원하려고 했어요. 한 영혼을 위해서 해산하는 수고도 했어요. 그런데 하나님, 저 참 힘들었어요. 주님이 보고 싶었어요."

주님이 나를 안아주시면서 이 말만 해주신다면 그것으로 감사하다.

"수고했다. 내 종아, 나도 너를 보고 싶었단다."

"우리가 그를 전파하여 각 사람을 권하고 모든 지혜로 각 사람을 가르침은 각 사람을 그리스도 안에서 완전한 자로 세우려 함이니 이를 위하여 나도 내 속에서 능력으로 역사하시는 이의 역사를 따라 힘을 다하여 수고하노라"(골 1:28-29).

비록 성도들에게 인기 없는 목사일지라도 괜찮다. 성도들을 바르게 세우고 싶은 마음뿐이다. 시험 안 드는 성도들이 참 고맙다.

해피코스 지원 그 외 사역들, 순종이 문화이다

송전교회 성도들은 순종이 습관화되어 있다. 코로나19 이후 예배 거리두기가 해제되었다. 이때 주일 차량운행이 필요했는데 주일 2부 예배 후 차량을 운행하는 집사님이 환영팀이어서 차량 섬김이가 있어야 했다. 제자훈련을 받는 남자 성도 한 분에게 부탁했다. 하지만 그분은 12인승 운전에 대한 트라우마가 있었다. 그래도 자신의 차량으로 하든지 아니면 방법을 찾아보겠다고 하였다. 그분은 순종하였다.

이런 일도 있었다. 수요 찬양팀 드러머가 임신했다. 그래서 드럼연주자 없이 수요 찬양팀이 운영되었다. 그래서 늘 아쉬웠다. 내적 치유 수양회를 준비하는데 한 여자 성도가 열심히 드럼을 연습하고, 내적 치유 수양회 때 드러머의 역할을 훌륭하게 감당했다. 그래서 내가 그분에게 수요 찬양팀 반주로 수고해달라고 했다. 그 주에 그분은 순종의 자리에 와 있었다.

해피코스도 마찬가지다. 해피코스 스텝 지원을 받을 때 나는 이렇게 말한다.

"해피코스는 복음의 사역입니다. 무슨 일이든 전문가가 되려면 10년을 넘게 해야 합니다. 해피코스는 한 번 하고 그만둘 일이 아닙니다. 평생 할 일입니다. 해피코스 사역 지원을 하세요. 어디 해야 좋을지 모를 때는 순종이라고 하세요. 그러면 제가 기도하면서 배치하겠습니다."

성도들은 해피코스 사역 지원을 한다. 하지만 거의 순종이라고 써낸다.

송전교회는 순종이 문화가 되어 있다. 제자훈련의 열매이다. 왜냐하면 참된 제자는 비전에 순종하기 때문이다. 이해가 안 되고 유익이 없어도 즉시 전심으로 끝까지 순종한다. 훈련과 비전에 동역해주고 순종하는 성도들이 고맙다.

해피코스를 진행하는 세 달 동안 열두 팀과 리더 헬퍼들은 한 영혼을 구원하기 위해서 전심전력한다.

리더와 헬퍼는 게스트를 섬기고 교안을 준비한다.

행정팀은 토크 교안과 각 팀 기획안을 준비한다.

데코팀은 토크룸, 만나룸, 소그룹룸 등을 세팅한다.

간식팀은 게스트의 간식을 준비한다.

선물팀은 게스트의 선물을 매주 준비한다.

만나팀은 게스트의 식사를 준비한다.

송팀은 게스트가 마음을 열 수 있도록 많은 준비를 한다.

서빙팀은 멋진 섬김을 위해서 다양한 준비를 한다.

해피코스 스텝들은 주중에 나와서 그 주 해피코스 주제에 맞춰 게스트를 섬길 준비를 한다. 토요일이면 송팀과 방송팀, 운영팀장과 실행총무 중심으로 주일 해피코스를 위한 리허설을 한다. 목회자들이 퇴근해도 성도들은 남아서 준비하는 모습을 본다. 내가 평신도라면 저렇게 못 할 것 같다.

해피코스는 벌써 17기째 진행하고 있다. 매번 초대만찬 전에는 전 스텝이 모인다. 주말 수양회 전에는 세족식 리허설도 한다. 매번 같은 내용이다. 나 같으면 지겨워서라도 리허설에 참여하지 않을 것 같다. 그런데도 언제나 초심으로 순종한다. 정말 보석 같은 성도들이다.

「풍성한 교회 이야기」의 저자 김성곤 목사는 말한다.

"교회 안의 어떤 일꾼이 진짜 일꾼인가? 순종하는 사람이다. 건강한 교회는 순종하는 일꾼이 많다. 그리스도께 전적으로 순종하는 태도는 제자도이다. 최고의 제자도는 순종이다. 제자의 삶은 순종으로, 믿음의 증거로 드러난다. 순종이 바로 믿음의 분량이다. 그러므로 의도적으로 순종을 반복 지속하라. 순종은 자신을 세속에 물들지 않도록 지키는 경건의 능력이다."

매주 자발적인 헌물이
넘치는 교회

20년의 짧은 기간에 엄청난 성장을 이룬 콜롬비아 국제은 사선교교회의 개척자 카스텔라노스 목사는 말한다.

"번영한다는 것과 부자가 되는 것 사이에는 큰 차이가 있다. 부자는 많은 것을 소유한 사람을 의미한다. 번영은 복의 통로가 되는 것이다."

나는 성도들에게 끊임없이 강조한다. 물질은 사랑할 대상이 아니다. 사용할 대상이다. 물질은 비전의 도구이다. 섬김의 도구이다. 우리는 복의 통로가 되어야 한다. 송전교회 주보에는 독특한 소식이 있다. 성도들의 헌물 소식란이다. 성도들이 교회를 위해서, 이웃을 위해서, 섬김을 위해서 헌물을 하기 때문이다. 언제부터인지 모르겠다. 어느 순간부터 성도들의 헌물이 문화가 되어 버렸다. 물론 제자훈련 가운데 헌물의 중요성을 가르쳤다. 초대교회의 모습은 서로 필요를 채우고 섬기는 공동체라고 알려주었다.

"믿는 무리가 한마음과 한 뜻이 되어 모든 물건을 서로 통용하고 자기 재물을 조금이라도 자기 것이라 하는 이가 하나도 없더라"(행 4:32).

순종과 섬김이 문화가 된 교회

성도들은 초대교회같이 헌물을 한다. 2021년, 본당을 리모델링을 하고 드림센터를 건축할 때는 절정에 달했다. 교회 예산이 한정되어 있었다. 하지만 이것저것 필요한 것이 많았다. 성도들은 너나 할 것 없이 자원하여 헌물을 했다. 본당 문, 도배, 장판부터 시작하여 비전센터 바닥까지 헌물했다. 당시 나도 놀랐고 성도들도 놀랐다. 비용이 부족해서 다음세대 쉼터와 예배실을 더는 진행할 수가 없었다. 나는 필요한 것을 채워달라고 하나님께 기도했다. 그랬더니 성도들이 자발적으로 섬겨주었다. 드럼 부스, 신디사이저, 마이크까지 모두 성도들이 함께 만들어갔다. 그 후에 교회에 필요한 물품이나 사역이 있으면 성도들은 자원해서 헌물한다.

성도 한 분이 천만 원을 가지고 왔다.

"목사님, 필요한 곳에 쓰세요."

나는 이 물질을 붙들고 기도했다. 정말 필요한 것이 많았다. 섬길 곳도 많았다. 그래서 좋은 곳에 사용하려고 했다. 기도하는데 자꾸만 교회 음향에 대한 마음이 왔다. 왜냐하면 교회 음향이 오래되었기 때문이다. 겨우겨우 사용하고 있었다. 이 물질을 가지고 교회 음향을 교체하는 데 사용하였다. 성도는 담임목사를 섬겼고, 나는 헌물로 섬겼다. 참으로 감격스러운 모습이다.

얼마 전에 실버셀 어르신들을 섬겼다. 교회 재정으로 한 것이 아니다. 성도들의 헌신으로 진행되었다. 닭을 내는 분도 있었고, 과

일과 떡, 식혜를 내는 분들도 있었다. 다음세대를 위해서 실내놀이터, 트램펄린 등을 설치할 때도 성도들이 헌신했다. 지역 상권을 살리는 상품권도 자발적으로 헌물했다. 최근에는 찬양팀 마이크를 무선으로 바꿨다. 성도들과 찬양팀에게 광고했더니 헌물이 들어왔다.

송전교회 회식도 교회 예산으로 하지 않는다. 담임목사가 사든지, 아니면 성도들이 자신의 물질로 진행한다. 교회 문화가 완전히 바뀌었다. 헌물과 섬김이 문화가 되었다. 하나님은 헌물이 없는 주에는 외부 업체들을 통해 헌물이 들어오게 하셨다. 이런 문화가 되었던 것은 제자훈련을 통해 성도들에게 헌신을 가르쳤기 때문이다.

제자훈련의 열매는 순종이다

존 비비어의 「존중」이라는 책에 보면 이런 이야기가 나온다.

말씀 사역자가 교도소에 있는 재소자들에게 말씀을 전하였다. 말씀을 전하는데 성령님이 강력하게 임했다. 재소자들이 구원받고, 성령이 충만해졌다. 병이 낫고 하나님을 위해서 헌신하는 일이 일어났다. 두 시간 만에 다른 교회에서 똑같은 말씀을 전했다. 말씀을 전하는 사람도 동일했다. 그런데 알다가도 모를 일이 일어났다. 분위기도 살아나지 않고, 성령이 강력하게 임하시지 않았다. 숨이 막혔다. 그 이유가 뭔지 사역자들이 모여 이야기를 나누었다. 결론이 나왔다. 존중이었다. 순종이었다. 말씀 사역자에 대한 자세와 관계가 있었다. 재소자들은 사역자를 귀히 보고 존중했다. 하지만 그 뒤에 만난 교인들은 이렇게 말했다.

"다 들어본 얘기야. 별 얘기가 있겠어!"

그래서 존 비비어 목사는 말한다.

"교회 지도자를 존중함으로 예수님을 존중하는 것이고, 예수님을 존중함으로 하나님 아버지를 존중하는 것이다. 지도자를 향한 우리의 행동과 말과 심지어 생각이 곧 그 지도자를 보내신 분을 대하는 우리의 태도이다."

송전교회 성도들은 순종을 잘한다. 담임목사를 존중한다. 정말 잘 섬기고 기도해준다. 제자훈련 2단계부터 순종을 가르친다. 3단계부터는 순종이 습관이 되도록 훈련한다. 왜냐하면 제자훈련의 열매는 순종으로 나타나야 하기 때문이다. 예수님은 말씀하신다.

"내가 너희에게 분부한 모든 것을 가르쳐 지키게 하라"
(마 28:20).
"Teaching them to obey everything I have commanded you"(Mt 28:20, NIV).

'obey'는 '순종한다'는 의미이다. 그러므로 제자로 훈련되면 순종이 되어야 한다는 뜻이다. 나는 성도들에게 이런 말을 많이 한다. "저를 보고 순종하라는 것이 아닙니다. 저의 인격은 부족합니다. 저는 연약함 투성이입니다. 하지만 제가 붙잡고 있는 하나님의 비전 때문에 순종해주세요."

금요기도회 때도 많은 성도가 참여한다. 금요일에는 전체 중보기도팀과 셀로 금요기도회 참석 문자를 보낸다. 그러면 팀장과 리더들은 팀원과 셀원들에게 공지한다. 이런 문자를 보낸다고 금요기도회를 참석할까 할 것이다. 하지만 성도들은 모두 순종하여 금요기도회에 참여한다. 본당을 가득 채운다. 뜨겁게 찬양과 기도를 한다.

송전교회 성도들은 노아의 순종을 한다. 하나님께서는 비가 오지 않는데도 방주를 지으라고 하셨다. 노아에게 방주 짓는 일은 이해가 되는 일이 아니다. 그에게 유익이 되는 일도 아니다. 하지만 노아는 이해가 안 되고 유익이 없어도 즉시 전심으로 끝까지 순종한다. 송전교회 성도들은 순종의 문화가 되어 있다. 섬김의 문화가 되어 있다. 왜냐하면 제자훈련의 열매가 순종으로 나타났기 때문이다. 순종의 문화는 제자훈련의 결과이다.

CHAPTER·4

송전교회에는 관리집사가 없다

예외 없이 새가족 공부가
사역의 조건이다

LA동양선교교회 담임목사인 강준민 목사는 말한다.

"건강한 교회는 속도보다 방향이다. 빠름보다는 바름이다. 건강한 교회는 두 가지 특징이 있다. 첫째, 담임목사의 제자훈련 열정이 있다. 사람을 세우려고 한다. 둘째, 모든 신자를 사역자로 세우는 교회 시스템이 있다."

송전교회 사역의 조건은 해피코스나 새가족 공부를 수료해야 한다는 것이다. 예전에 한 성도가 송전교회에 등록했다. 그는 사람들에게 말하였다.

"나는 신학교를 졸업했습니다. 새가족 공부는 필요 없습니다. 그러니 바로 봉사해도 됩니다. 식당에서 봉사하고 싶습니다."

그 성도가 속해 있던 셀에서 요청이 들어왔다. 이것저것 양보하면 교회의 원칙이 무너질 것이라는 사실을 알았기에 단호하게 말했다.

"새가족 공부나 해피코스를 하고 봉사하시는 것이 좋을 것 같습니다. 그렇지 않으면 사역하기 어렵습니다. 새가족 공부나 해피코스는 복음에 대해 다시 듣는 것입니다. 복음은 밥입니다. 언제 들어도 우리를 다시 새롭게 합니다. 담임목사인 제가 직접 합니다. 이 시간을 통해 교회와 친숙해집니다. 비전 공유가 되는 시간입니다. 꼭 참석 부탁드립니다."

결국 그 성도는 자존심 상한다고 하면서 다른 교회로 가버렸다.

새가족 공부나 해피코스를 수료한 후에 사역하게 하는 이유가 있다. 그것은 최소한 복음으로 다시 한번 무장하자는 것이다. 교회론을 통해 자신이 섬기는 교회를 사랑하도록 하자는 것이다.

또한 교사들은 확신반 2단계까지 수료한 분들이 섬기도록 했다. 왜냐하면 확신반 단계는 믿음의 강화되는 단계이다. 적어도 교사는 구원의 확신이 있는 사람이어야 하기 때문이다. 전도팀은 제자훈련 전도학교를 수료한 사람이 하도록 했다. 중보기도팀은 기도학교를 수료한 사람이 하도록 했다.

현재 중보기도팀은 100여 명이 넘게 사역하고 있다.

아론과 훌 기도팀은 담임목사를 위한 기도팀이다.

평일 중보기도팀은 교회와 선교, 전도를 위한 기도팀이다. 매일 당번을 정하여 일주일 동안 기도하고 있다.

수요 중보기도모임도 있다. 이들은 수요예배 후 모여서 중보기도를 한다.

주일 중보기도팀은 주일 1~3부까지의 예배를 기도로 섬긴다. 중보기도실이 따로 있으며 그곳에서 모니터를 통해 기도하고 있다.

가정 중보기도팀이 다섯 개가 있다. 레위 기도팀은 담임목사를 위한 기도팀이다. 닛시기도팀은 영적 승리를 위한 기도팀이다. 라파팀은 병자를 위한 기도팀이다. 119기도팀은 긴급 기도를 드린다. 미션 기도팀은 선교를 위한 기도팀이다.

매주 주일날 각 팀이 기도제목을 받아서 담임목사에게 보고한다. 담임목사가 점검한 후 모든 기도팀방에 공지한다. 그러면 팀원들은 기도제목을 가지고 일주일 동안 기도하게 된다.

나는 가끔 이런 말을 듣는다.

"나는 초신자예요. 섬기는 것이 부담스러워요."

"셀모임에서 간식 대접도 힘들어요. 특새를 위해서 회비를 모으고 아침 식사를 준비하는 일도 부담스러워요. 셀 리더로서 이런 말을 할 때가 힘들어요."

"교회를 나오는 것이 평안하려고 나오는 것인데 사명은 부담이
돼요."

민음이 자라지 않으면 사명은 부담이 된다. 민음이 훈련되지
않으면 비전은 힘겹다. 하지만 나는 제자훈련을 하면서 많은 것을
본다. 제자훈련을 통해 민음이 자라는 성도는 사명도 쉽게 감당한
다. 민음이 훈련되는 성도는 비전에도 순종이 쉽다. 결국 제자훈련
이 모든 사역의 기본임을 알 수 있다. 제자훈련이 부담되고, 제자
훈련이 싫어서 다른 교회로 가는 성도들도 있었다. 하지만 제자훈
련은 예수님의 목회이다. 사역이 먼저가 아니라 예수님의 제자가
되는 것이 먼저이다.

12사역부,
은사 배치를 아는가?

빛과소금교회 담임인 신동식 목사는 이런 말을 했다.

"최근 원스톱 교회가 나오고 있다. 교회만 오면 모든 것이 다
해결된다. 농구장, 수영장, 그리고 사우나 시설까지 다 준비되어
있다. 성도들의 자부심이 교회시설이 되고 있다. 원스톱 교회를 보

는 사람들도 침을 흘릴 것이다. 그러나 교회의 외형으로 사람을 회심시킬 수 없다. 교회가 자발적 불편을 기뻐해야 한다. 불편하더라도 복음이 있기에 헌신하는 모습이 있어야 한다. 목사가 자발적 불편을 살아낼 때 교회가 아름다워진다. 성도들이 자발적 불편을 살아낼 때 전도의 문이 열린다. 교회가 편한 것을 추구하다가 복음이 세속화되는 것을 본다."

코로나 팬데믹 이후 교회마다 삼중고에 시달렸다. 치솟는 물가와 금리 인상으로 경제위기를 만났다. 그리고 봉사자들이 없어서 교회 봉사와 식당 섬김이 어려워졌다.

서울 중구 E 교회 F 장로의 인터뷰 기사이다.

"코로나 재확산에 대한 염려로 식당 재개가 어렵다고 교인들에게 공지했다. 하지만 사실 봉사자를 구하기 어려운 것이 근본적 이유이다"(국민일보 2022년 6월 28일).

감사하게도 송전교회는 코로나 이후 식당 봉사를 시작할 때 전혀 문제가 없었다. 봉사부와 셀 중심으로 바로 순종했다. 왜냐하면 제자훈련을 통해 섬김의 마음이 준비되어 있었기 때문이다. 내가 듣기로 몇몇 교회에서는 식당 봉사와 교회 청소도 유급으로 한다고 한다. 물론 이해가 되기도 한다. 그러나 하나님은 성도들이 교회를 세우라고 말씀하신다.

"이는 성도를 온전하게 하여 봉사의 일을 하게 하며 그리스도의 몸을 세우려 하심이라"(엡 4:12).

영성신학자 유진 피터슨 목사는 말한다.

"현대교회에서 사탄이 사용하는 최고의 무기는 교인들 자신이 스스로 평범한 신도요, 아마추어라는 생각을 집어넣는 것이다."

「팬인가? 제자인가?」의 저자 카일 아이들만은 이 시대의 성도들을 '팬'이라고 말하였다. 인기 연예인의 팬처럼 열광한다. 하지만 마음에 들지 않으면 언제라도 교회와 목사를 바꿔버린다. 교회를 떠난다. 섬김이라는 말이 나오면 부담을 느낀다. 그러나 예수님은 우리가 제자가 되어 교회를 세우라고 말씀하신다.

송전교회는 관리집사가 없다. 몇 년 전만 해도 교회 운전과 관리를 관리집사가 했지만 교회를 셀로 전환하고 제자훈련을 통해 성도들이 세워지자 관리집사가 필요하지 않게 되었다. 여성 셀들은 교회 곳곳을 청소한다. 교회 미화팀(코스메오)이 교회 청소와 쓰레기 분리수거를 한다. 화장실 청소도 한다. 남자 셀은 분리 수거된 것을 버려준다. 남자 셀들은 토요일이면 교회에 와서 각종 관리와 수리를 한다. 물론 전문적인 수리는 수리 전문가에게 부탁한다.

송전교회에는 많은 팀이 있다. 데코팀, 행정팀, 안내팀, 환영팀, 찬양팀들, 헌금팀, 홈페이지팀, 영상소식팀, 행복의 사람 문서팀,

전도본부팀, 전도팀들, 교사들, 전도 섬김이, 유튜브팀, 교회관리팀, 운전팀, 주차팀, 주일 식사 도우미팀, 독거노인 김치팀, 반찬팀, 노인대학팀, 엘림서점팀, 양육팀, 카페팀, 중보기도팀 등이 있다.

데코팀은 교회 장식을 책임진다. 행정팀은 교회 주보와 각종 서식 작업을 한다. 양육팀은 제자훈련 공지 및 과제를 체크한다. 제자훈련 전반을 준비한다. 카페팀은 당직으로 돌아가면서 섬긴다. 특히 주일 식사 섬김은 코로나 이후 바로 시작이 가능했다. 왜냐하면 섬김에 대한 훈련이 되어 있었기에 모두 순종하는 마음으로 하고 있다.

성도들은 각자 정해진 요일에 온다. 와서 교회 곳곳을 청소한다. 관리집사가 있을 때보다 더 깨끗해졌다. 은사 배치는 매년 10월에 진행한다. 모두 자발적으로 사역을 지원한다. 우리 교회는 관리집사가 없어도 사역이 풍성한 교회가 되었다.

다음세대를 위한 섬김도 넘친다. 국내 성지순례를 하러 가든지, 섬머캠프를 하든지, 성경학교를 하든지 많은 분이 섬겨주고 있다. 물질로 헌신하고 있다. 선생님들도 사비로 간식을 준비한다. 참으로 귀하다.

물론 송전교회가 처음부터 섬기는 공동체는 아니었다. 난관도 있었고 비전 공유도 어려웠다. 하지만 지속적인 제자훈련을 통해 섬김의 중요성을 가르쳤다. 팀 수양회를 통해 교회를 섬기는 일이 성도의 본분임을 알렸다. 그러면서 섬기는 사람이 많아졌다. 송전교회는 보이지 않는 곳에서 섬기는 분이 참 많다. 감사한 마음뿐이다. 하나님은 우리의 섬김을 다 보고 계신다. 사람의 눈에는 작게 보이는 섬김도 그냥 지나치지 않는다. 칭찬하고 보상해주신다. 하나님께서 칭찬해 주시기에 어떤 경우든 섬김은 외롭지 않다. 자랑스러운 일이다.

당신의 교회에는 교역자가 몇 명인가?

2022년 10월 〈기독일보〉 기사 내용이다.

"현재 목회에서 가장 힘든 점이 무엇인가?"라는 질문에 대한 통계였다. 첫째, 새신자가 늘지 않는다(52.1%). 둘째, 헌신 된 일꾼이 부족하다(50%).

신문 인터뷰에서 A목사는 말한다.

"부임초기보다 성도들의 헌신이 많이 줄었다. 주일에 쉬고 싶은 맞벌이 부부가 늘어났다. 거기다가 코로나19로 성도들이 교회와 멀어지는 현상도 일어나고 있다."

이것이 현재 한국교회의 현실이다.

교회성장학자 크리스챤 슈바르츠 박사는 말한다.

"건강한 교회 지도자들은 그리스도인 각자가 사역을 하도록 이끈다. 평신도를 보조 사역자로 보지 않는다. 평신도들을 훈련시켜 사역을 위임한다."

송전교회는 교역자가 없으면 교회가 돌아가지 않았었다. 찬양부터 시작하여 교육부, 교구 관리까지 너무도 중요한 역할을 한다. 하지만 부교역자를 구하는 일은 쉬운 일이 아니었다. 부교역자는 조금만 힘들어도 금방 사임하였다. 또한 송전교회 같은 시골 지역에는 잘 오지 않으려고 했다. 부교역자가 와도 오래 있지 못했다. 최근 중고등부 교역자들은 이런저런 이유로 금방 사임했다. 건강상의 이유, 개인적인 이유, 신앙적인 이유 등이 있었다. 빨리 사임하니까 중고등부 학생들에게 미안한 마음이 들 정도였다. 아이들은 교역자에 대한 신뢰가 없어졌다. 교역자가 바뀔 때마다 사역의 방향이 많이 달라졌다.

부교역자가 사임할 때마다 걱정부터 앞섰다. 어떻게 하지? 어떻게 좋은 교역자를 구하지? 매번 반복적인 고충이었다. 그래서 부교역자를 많이 청빙하지 않기로 마음먹었다. 대신 평신도가 부교역자의 역할을 하게 했다. 제자훈련을 통해 평신도 사역자를 세워갔다. 셀 리더, 팀장, 지도교사 등을 두어서 부교역자가 일반적으로 하는 사역을 맡겼다. 평신도 당직자를 두어서 담임목사 공지

사항을 알려주게 했다. 각 팀 사역 공지 내용을 매일 담임목사 폴더에 올려놓으면 당직자가 팀장들에게 공지한다. 전도 관련 사역은 전도본부 당직자를 두었다. 전도본부 사무실까지 만들었다. 그래서 전도 관련 업무에 전념하게 했다.

자연적 교회 성장을 주장한 크리스티안 슈바르츠는 말한다.

"성장하는 교회와 성장하지 못하는 교회의 차이점을 가장 잘 나타내는 부분이 사역자를 세우는 일이다."

역동적인 교회를 세우기 위해서는 모든 성도를 사역자가 되도록 키우고 가르치고 세워야 한다는 의미이다.

세종꿈의교회 담임인 안희묵 목사도 말한다.

"목사는 모든 성도를 하나님의 사역자로 세우는 영적 코치이다. 지금까지 목회자가 성도를 심방하고 보살피는 돌봄 사역에 치중했다면 이제부터는 성도를 가르치고, 키우고 세우는 사역에 집중해야 한다. 목사는 고아원 원장이 아니다. 하나님 나라 훈련 교관이다."

송전교회 부교역자들의 역할은 다리 역할이다. 담임목사의 목회 비전을 평신도 사역자들에게 잘 전달하는 역할을 한다. 현재 있는 부목사님들은 너무 잘 동역해주고 있다. 참 잘해주고 있다. 고맙고 귀한 분들이다.

미국 라번대학 종교학 교수 버나드 앨러 박사는 말한다.

"예수님이 소아시아 교회를 평가했다. 일곱 교회 가운데 두 교회는 A 학점, 두 교회는 F 학점, 세 교회는 중간 성적이었다. 그런데 여기서 놀라운 것은 A 학점을 받은 두 교회가 힘써 분투하는 작은 교회였다는 것이다. F 학점을 받은 두 교회는 한창 번성하는 큰 교회였다. 그러므로 숫자적 성장을 기준 삼아 교회의 건강을 판단하는 것은 성경적이지 못하다."

송전교회는 100여 년이 넘는 역사를 갖고 있다. 믿음의 선배들의 눈물과 기도가 바탕이 되었다. 이분들의 헌신이 있었기에 지금의 송전교회도 있는 것이다. 그리고 지금 나와 함께 송전교회를 역동적으로 이루는 성도들 덕분이다. 이분들 역시 송전교회 처음 왔을 때 이곳에서 뼈를 묻을 마음으로 오지 않았다. 믿음의 고비도 많았다. 왜 송전교회를 떠나고 싶지 않았겠는가? 왜 사역이 부담되지 않았겠는가?

하지만 하나님의 꿈을 보고 모두 함께 건강한 교회를 이루어가고 있다. 묵묵히 순종하며 동역하고 있다. 송전교회는 빠르게보다 바르게 가고 있다. 크게보다는 건강하게 가고 있다. 한국교회의 모델교회로 세워져가고 있다. 하나님께 합격 받는 교회로 가고 싶다. 물론 빠름에서 바름으로 가는 길은 더디고 힘들다. 하지만 그 길이 사는 길이다.

앞으로 비전이 있다면 송전교회 안에 일어난 사역을 한국교회와 나누고 싶다. 하나님이 송전교회에 허락해주신 은혜를 전하고 싶다. 송전교회 전도, 양육, 셀에 대해서 나누고 싶다. 제자훈련 교재를 알려주고 싶다. 해피코스와 교회 시스템과 특새, 감사행전에 대해서도 전해주고 싶다. 앞으로 이에 관련된 책이 계속 나올 것이다. 또한 컨퍼런스(conference)를 통해 자료들도 공유할 것이다.

송전교회 가운데 일하신 하나님께 영광을 돌린다. 그리고 나를 도와주신 멘토 같은 분들에게도 감사드린다. 송전교회 성도들에게도 감사드린다. 마지막으로 가족들에게 감사드린다.

하루를 마지막같이 사는
권준호 목사